佐賀・酒と魚の文化地理

文化を核とする地域おこしへの提言

中村周作 著

はしがき

　本書は，筆者による酒と肴の文化地理シリーズの第4弾，すなわち，2009年発刊の『宮崎だれやみ論──酒と肴の文化地理──』(鉱脈社)，2012年の『熊本 酒と肴の文化地理──文化を核とする地域おこしへの提言──』(熊本出版文化会館)，2014年の『酒と肴の文化地理──大分の地域食をめぐる旅──』(原書房)に続くものである。これらの一連の研究は，今日危機的状況を迎えている珠玉の地域文化である地酒と伝統的魚介類食が，それぞれ地域でどのように根付き，愛され続けてきたのかを明らかにすることと，これらを消失させないよう，さらに，これらを活用した地域振興のあり方を考察することを目的としてきた。研究成果として，それぞれの地域事情の中で，宮崎県域には，特徴的な飲酒嗜好地域が6つ，伝統的魚介料理の分布パターンが9つあること，熊本県域では，前者が5つ，後者が7つあること，大分県域では，やはり前者が7つ，後者が11あることが明らかになった。そうして，地域個性的な酒と魚の拠点をめぐる旅をはじめとする地域振興策を提示することができた。

　本書では，佐賀県域を事例として，調査研究を行った。なぜ，佐賀県域において，このような研究を行おうと考えたのかと言うと，まず，飲酒嗜好に関して，前3著において，焼酎と清酒が拮抗する南・中九州における状況を把握することができたので，その対比として，従来，清酒嗜好圏として，わが国の大部分の地域に共通する北部九州の状況を把握したいと考えたことがある。また，伝統的魚介類食に関して，佐賀県域は，非常にコンパクトな地域ではあるが，その中に玄界灘の荒波にもまれた多くの魚介，出入りの激しい北岸の磯場で獲れる魚介，波静かな内湾ながら干満差が日本最大で，川の流れのような海水の出入りがみられる有明海の遮断的環境下で育まれた個性豊かな魚介，山間・平野・干拓地へと続く内水面のクリークなどに展開する淡水魚介の数々など，他に例を見ないほど豊かな食材に恵まれての多彩な魚食文化がみられることがある。このように，非常に興味深い地域なのではあるが，有明海の環境悪化に伴

う魚介類生産の減少，クリークなど内水面も利用頻度が下がって魚介生産にとって好ましい状況にないこと，玄界灘沿岸漁業の不振など食材供給の点で非常に厳しい現状から，伝統的魚介類食が危機的状況にある点は，他と変わりがない。したがって，これらの摂食の展開を究明することが急務であると考えたことも事実である。

　なお，タイトルの主題，副題に前著まで「酒と肴の文化地理」を使用してきた。肴は，酒のアテであり，従来より魚が使われることが多かったので，アテ＝魚となったとされるが，肴自体は，決して魚のみでなく，肉であろうと野菜であろうとアテになるもの全てが含まれる。しかしながら，筆者の研究対象は，あくまで伝統食としての酒と魚に限定されるものであり，厳密な意味で，今回は「酒と魚の文化地理」と題することにする。

　次に，本書の構成について概述する。本書は，6章から構成される。第1章は，導入として，地域の飲食にまつわる問題の所在と本書の研究目的，佐賀県の地理的特徴が語られる。

　第2章では，佐賀県域における酒をめぐる動向，飲酒嗜好地域の展開とその形成の背景などが，文献，統計データ，県内各地での小売酒販店に対する聴き取りアンケート調査データなどをもとに明らかにされる。

　第3章では，佐賀県における伝統的魚介料理75品目を選定し，その料理の調理法や特徴，文献などで取り上げられた地域などが紹介され，伝統食が展開する地理的背景，およびそれぞれが県内各地でどれぐらい食べられているのか(摂食頻度)，県全域で合計365件の聴き取りアンケート調査を行った成果と，それらのデータ分析をもとに，伝統的魚介類食の地域的分布パターンが明らかにされる。さらに，分布の背後にある理由や要因に関する考察がなされる。

　第4章では，前章で明らかにされた伝統的魚介類食を育み，食材供給という点で下支えしてきた当県の水産業の特徴とその地域的展開が明らかにされる。具体的には，統計データなどより当県水産業を俯瞰した後，特に今日の当県水産業の基幹をなすノリ養殖業の隆盛の経緯，県内沿岸に点在する漁港の分布と個々の漁港の特徴などが語られる。その上で，個性的な有明海の魚介を利用する地域振興策に関する提言がなされる。

第5章では，現地調査をもとに，酒と伝統的魚介類食の地域的ポイント，たとえば魚市場であったり造り酒屋であったり，漁家や店での調理実演であったり，漁業自体，はたまた，漁と商売の神様であるえびす様であったり，そういった諸々をめぐって楽しみ，地域文化を体感するツアー（ドリンク＆イート・ツーリズム）へ，読者の皆様をご案内する。1つ目は，内陸の鳥栖・基山地方から佐賀市周辺に至る旅，2つ目は，玄界灘沿岸の唐津およびその周辺の旅，3つ目は，有明海西岸の太良から北上して鹿島，白石，嬉野へ至る旅である。日本の原風景と伝統的な住民生活にふれ，美しく，楽しく，美味しく，さらに知識欲をかき立てる，旅人にとって一挙三得にも四得にもなる旅である。本章において，読者の皆様には，佐賀県の素晴らしさをご理解いただき，その楽しみ方を存分に味わっていただきたい。

最終の第6章では，筆者が考えるドリンク＆イート・ツーリズムに続く地域振興のためのいろいろな方策についての提案がなされる。

本書作成のための調査は，直接的には2015（平成27）年から17（同29）年までの3年間をかけて，佐賀県各地に14回出向き，のべ29日間かけて調査を行った。ただし，筆者は，職務の関係で1987（昭和62）年から1998（平成10）年まで，佐賀県で地理教員として11年間を過ごし，佐賀市や神埼，小城に住んでいたことがあり，当時の生活や調査経験が，本書の下地になっている。かつてお世話になった佐賀県という地域に，何がしかのご恩返しをしたいという気持ちが，本書作成の大きなモチベーションになった。

調査では，本当にたくさんの方々にお世話になった。佐賀県庁や酒造組合，県漁協の関係者諸氏の他，魚食に関する聴き取りアンケート調査のお相手をしていただいた方が365人，飲酒嗜好に関する聴き取りアンケート調査にご協力いただいた小売酒販店が57件，見学や貴重なお話をいただいた酒蔵6件，魚市場3件，伝統魚食の実食調査でお世話になった多数の方々などなど，単純に見積もっても，500人を超える県民の皆様にご協力いただいたことになる。現場に出向き，現地の方々に対する聴き取りやアンケート調査によってデータ収集を行う地理学のような学問では，地元の方々のご厚意をもっての協力が得られなければ，何らの仕事も成しえないわけで，皆様方のご協力に，ただただ感

謝申し上げる次第である。また，聴き取りアンケート調査では，宮崎大学教育文化学部経済地理学ゼミの学生を中心に調査チームを作り，酒販店調査を筆者が，魚食調査を学生に担当してもらった。学生の協力を仰いだのは，自分一人では量的にこなすことが不可能な調査であったことが理由であるが，佐賀県内のいろんな場所に出向いていろんな人に出会い，世の中の厳しさや優しさを感じる様々な体験が，教育という点でも，彼・彼女らの人間的成長に役立つであろうと考えたからでもある。最後まで調査をやり遂げてくれた学生諸君に，本当に感謝している。

　読者の皆様には，本書によって，佐賀県の伝統的な飲食文化のすばらしさをご理解いただければありがたい。さらに，本書が，地酒や伝統的魚介類食の担い手の方々にとって，少しでも応援になり，地域を元気づけるのに，いくらかでも貢献できるならば，著者としてこれほど喜ばしいことはない。

　刊行に当たって，海青社社長宮内久氏と編集部の福井将人氏にお世話になった。厚く感謝申し上げたい。

　2018年8月　残暑厳しい宮崎 木花台にて

中　村　周　作

佐賀・酒と魚の文化地理

文化を核とする地域おこしへの提言

| 目　　次 |

佐賀へよう来んしゃったねー
えびす様が空港でお出迎え

目　次

はしがき 1

第1章　序　　論 9
　1.1　問題の所在と研究目的 9
　1.2　佐賀県の地理的特徴 12

第2章　佐賀県域における飲酒嗜好の地域的展開 17
　2.1　はじめに 17
　　2.1.1　研究の目的 17
　　2.1.2　研究の方法 17
　2.2　地域の概観 19
　2.3　佐賀県域における飲酒嗜好の地域的展開 21
　　2.3.1　酒類ごとの飲酒嗜好にみる特性 23
　　2.3.2　地域ごとにみた飲酒嗜好の展開 27
　2.4　佐賀県域における飲酒嗜好地域区分の設定 38
　2.5　結　　び 40

第3章　佐賀県域における伝統的魚介類食の地域的展開 47
　3.1　はじめに 47
　　3.1.1　問題の所在 47
　　3.1.2　研究の目的と方法 47
　3.2　地域の概観 55
　3.3　佐賀県域における伝統的魚介類食の展開パターン 56
　　3.3.1　伝統的魚介類食の基本的性格 56
　　3.3.2　伝統的魚介類食の地域的分布パターン 56
　　3.3.3　伝統的魚介類食の市町村別展開に関する考察 85
　3.4　結　　び 85

第4章　伝統的魚介類食を育んできた佐賀県水産業
　　　　──その展開，および '有明七珍' の勧め── 91
　4.1　はじめに 91

| 4.2 | 地域の概観 | 91 |

4.2　地域の概観..91

4.3　佐賀県の水産業..93

　　4.3.1　水産業の概観...93

　　4.3.2　佐賀県におけるノリ養殖業...95

4.4　水産業の生産拠点である漁港の分布.......................................100

4.5　'有明七珍'の勧め..103

4.6　結　　び..110

第5章　酒と魚　地域飲食文化を堪能する旅
──ドリンク＆イート・ツーリズム構想──.................................115

5.1　はじめに..115

5.2　酒と魚に関わる地域拠点..116

5.3　県東部鳥栖・基山地区から県都佐賀市周辺に至る旅.........................119

5.4　唐津およびその周辺地域をめぐる旅.......................................133

5.5　県西太良・鹿島・嬉野・白石へ至る旅.....................................155

第6章　研究内容のまとめと地域振興に関する提言
──佐賀の魅力とそれらを活用した地域振興──...............................179

6.1　はじめに..179

6.2　地域の色（エリアカラー）を使った地域振興...............................180

6.3　佐賀えびす県構想..184

6.4　地域の売り'有明七珍'..185

6.5　県域丸ごと佐賀ジオパーク構想...186

6.6　結　　び..188

あとがき..191

〈第1章〉

序　論

1.1　問題の所在と研究目的

　本書は，はしがきにも記したとおり，酒と魚を中心とした文化地理学に関する筆者の一連の研究，すなわち，宮崎県(中村，2009a，2012a)，熊本県(中村，2012b)，大分県(中村，2014)における事例研究に続く第4弾として，佐賀県を事例に取り組んできた研究の成果を世に問うものである。

　この一連の研究の目的は，わが国における伝統的地方食の多くが消失の危機にあるという現状を踏まえた上で，どのようにしたらそれらの記録を残すことができるのか，単に記録として残すだけでなく，それらを消失させないために何をしたらよいのか，さらに一歩踏み込んで，それらを積極的に活用していくことで地域住民の誇りを取り戻し，地域活性化に寄与する方策を見出すことであった。

　今日では，食に関する様々な問題が生じている。それは，西欧型肉類中心の食生活定着による食生活の変化に始まり，食材・食品の全国・世界的流通などに起因する食の画一化，それと並行して，様々な外国食の流入などに起因する食の多様化が同時進行するという，一見矛盾した状況が現出してきている[1]。そういった一連の問題は，長年地域に根付いてきた伝統的な飲食文化，とりわけ，わが国の食卓において，副食の主役をなしてきた魚介料理を否定し，排除する結果(いわゆる「魚離れ」)をもたらしている。

　酒類の消費についても大きな変化が生じている。わが国では，女性飲酒量の増加もあって，太平洋戦争後，経済の回復に同調してその消費量が伸びてきていた。その中でも，かつて国民酒と言われてきた清酒は，高度経済成長期に爆発的に生産・消費量が増加したが，1975(昭和50)年以降は，一貫して消費量を減じている。酒類消費量全体も2000(平成12)年以降漸減傾向にあり，飲酒者

の高齢化と若者を中心とする「酒離れ」が顕著となっている。

　そういった消費者側の変化と同時に，今日では，伝統的飲食文化を支えてきた側にも，これらを維持していく上で，いろいろな問題が生じている。伝統的魚介類食が保持されてきた地域では，沿岸から山間・山奥に至るまで，地域的なものから全国的スケールのものまで含めて，食材である魚介類の生産・流通システムが構築され，機能してきた。しかしながら今日では，こと生産に関してみても，漁業者の数的減少や高齢化の進行，海洋環境の変化や獲りすぎ，環境や資源の保護を目的とする漁業を取り巻く国内・国際的圧迫などによる生産の減少が，大きな問題となっている。また，流通側の利便から，一定量の同一サイズ同一魚種が求められるようになり，少量多種の魚介を捕獲する伝統的な網漁業の維持が困難になってきたりしている。[2]こういった伝統漁業の消失は，食材としての地産魚介の消失に直結する。さらに，地方では，高度経済成長期に多くの青壮年が職を求めて都市へ移動した。このことは，単なる人の移動に止まらず，地域文化継承の世代的な断絶をも意味している。地方に残って伝統的魚介類食を守り支えてきた人々も，時の流れとともに高齢化が進行し，「魚離れ」の風潮とも相まって今，地方ではまさに，伝統的魚介類食が崩壊の危機にあると言えよう。

　地域に根付いて，地酒として清酒の生産を行ってきた造り酒屋においても，高度経済成長期の人口流出は，地元消費者の急減に直結し，経営不振から廃業に至るものが頻出した。経営立て直しのために，自社ブランドを廃して中央メーカーに桶売りを行うか，中央市場に自ら打って出るといったことが行われた。これも，酒類規制の自由化が進むと，中央メーカーでの自社生産の拡大によって，桶買いが行われなくなったり，地元市場への目配りが薄れることで，一層の地元消費者離れを生むことになった。こういった厳しい時代にあって，生産に高度な技術を要する伝統文化である地酒も，生産者の高齢化と後継者不足という地方産業が共通して抱える課題を克服できずに消失の危機にあるところが多い。ただし，佐賀県の場合は，後継者のがんばりで，他の地域とは違った展開がみられる（このことについては，第2章にて詳述する）。ちなみに，佐賀県は，もともと清酒嗜好圏であったところに数次にわたる焼酎ブームが波及して酒類嗜好の多様化が進んだ点で，わが国の大半の地域と共通する飲酒嗜好の

歴史を歩んできた。その意味で，佐賀県における研究を通じて，わが国の大半の地域での飲酒嗜好に関する動向を展望することも可能となろう。

　以上のような状況下で，失われつつあるものを含めて伝統飲食文化の摂食実態を調査・把握することが，学問上の喫緊の課題となっている。さらに言うと，地域の伝統的飲食は，地域文化を代表するものであり，長年にわたって培われてきた'究極の地域美食'である。こういった美食を，単に記録に留めるだけでなく，地域活性化の核として，それらの今日的利用を考えていくことも学問，施策上の重要な課題である。本書では，これらの研究目的を遂行するために，北部九州の佐賀県域を事例として研究を進めていく。

　地表面に展開する事象・現象の中で，人間が作ってきたあらゆるものが文化ということになる。ただし，地表面の人間やその活動を扱う人文地理学の中でも文化地理学は，その研究対象としての文化という概念の曖昧さや調査研究の難しさもあって，研究蓄積の豊かな分野とは言い難い[3]。その中で食文化に関しては，たとえば，郷土料理の全国的な特徴について概術した木村(1974)，消費動向から食生活の変容を捉えた山下(1992)，地域的特徴を持つ食について，関東のシモツカレの分布に関する朝倉(1977)，トチの実などの堅果類食に関する辻(1993，1994他)，昆虫食に関する野中の一連の研究(2008他)，すし文化に関する日比野(1999)，飲食について概述した水津(1976)などをあげることができよう。

　飲食文化研究に関して他の学問を俯瞰すると，この分野で大きな成果をあげているのが民俗学・文化人類学の分野であろう。たとえば，石毛(2009)は，食に関して多種多様な学問からのアプローチがみられること，その中でも社会科学的な研究分野として生態学，民族学，歴史学，考古学，民俗学，家政学，食料経済学，食品流通学などからのアプローチをあげている。ここには，残念ながら地理学があがっていないことは遺憾であるが，氏には一方で，『食の文化地理』なるタイトルのついた著作(石毛，1995)もある。あとがきによると，氏が，この書のタイトルに文化地理と付けたのは，週間朝日百科『世界の食べもの』に寄稿した文章の中から，食の文化の地理的広がりに関するものを選んだためということであった。このあたりの文脈から，文化の地理学的広がりを文化地理という語で表すことは理解できるが，学問としての文化地理学について

は，十分な成果を認めえないということなのであろう。

では，飲食文化研究における地理学のアドバンテージは，どこにあるのであろうか。民族学・文化人類学における研究蓄積には，確かに大きいものがある。ただし，これらの研究は，大半が対象地点の文化事象を明らかにしたものであって，どんなにがんばっても，点の積み重ねでは，面的研究には昇華しえない。つまり，文化事象の面的展開，すなわち，文化圏を語るには無理がある。実際に調査地点の隣村に，全く違った文化が存在することは，多々みられることである。地域における文化の面的広がりに関する研究において力を発揮するのが，文化地理学なのである。ただし，先述のように飲食に関する文化地理学の既存研究をみると，文化を概述したものや特徴的な食の展開を明らかにしたものが大半で，特定の地域における飲食文化の展開，すなわち，飲食文化圏を究明した成果は，ほとんどみとめられない。そういった研究の欠落部分を補う取り組みとして，筆者は，先述のように宮崎，熊本，大分3県域における調査研究の成果を世に問うてきた。

1.2　佐賀県の地理的特徴
──佐賀県は，何とめでたい'えびす県'である──

　佐賀県の自然・人文環境に関しては，各章において詳述するので，ここでは県の地理的特徴のひとつとしての'えびす'の話をしたい。佐賀市では，特に長崎街道に沿った道の角々にえびす像が祀られていることは，昔からよく知られてきた。[4] 世間一般によく知られるえびすではあるが，それがどのような神であるのかについて，あらためて『日本民俗大辞典』で引いてみると，[5]「えびすとは，異郷から迎えられ，漁業，商業，農業などの生産活動に幸をもたらす神霊。……海民の間に生まれた（信仰）とされる。……平安時代末期より，西宮戎社を中心として，漁民の漂着神としてのえびす神信仰から，商業の神，市神としてのえびす信仰が生まれ，平安時代末期以降全国的に展開する。……大魚を持つ烏帽子姿のえびす像が生まれ，七福神の中心的な霊格として崇敬を集めるようになった。」このようにして全国に広がったえびすを祀る神社が各地に存在している。中でも，上記解説にも出てきた西宮戎神社（蛭子神系神社の総本山）や事代主神系えびすの総本山とされる島根県松江市美保神社など全国規模での崇敬

1.2 佐賀県の地理的特徴

表1-1 佐賀県各市町におけるエビス像の分布

市町 （地区）名	えびす像 の数	備　考	データソース
佐賀市	828		恵比須DEまちづくりネットワークHP
唐津市	7		『郷土史誌 末盧國』
鳥栖市	36		鳥栖市教育委員会生涯学習課文化財係
多久市	103	2015年調査。丸彫像48，浮彫 像46，文字塔7，石祠2	『多久市史』
伊万里市	38		伊万里市教育委員会生涯学習課
武雄市	3	未調査，個人宅のものは不明。	武雄市文化課より回答。
鹿島市	25		『鹿島市史資料編 肥前鹿島の石造文化』
小城市	151		小城市文化課
嬉野市	33	うち，塩田津伝建地区に24体	嬉野市本庁図書館・歴史民俗資料館
神埼市	101		神埼市教育委員会社会教育課文化財係
吉野ヶ里町	10	旧東脊振調査8件，旧三田川は 担当者把握数2件。	吉野ヶ里町教育委員会社会教育課
基山町	1	板碑	基山町教育学習課ふるさと歴史係
上峰町	2	担当者が把握している個人宅に あるもの。	上峰町教育委員会文化財担当
みやき町	104		みやき町教育委員会文化財課
玄海町	0		玄海町文化財担当
有田町	2		『有田古窯跡群と町並』，『ふるさと西有 田「石の文化」』
大町町	5		大町町教育委員会文化財担当
江北町	2	担当者が把握している数。	江北町子ども教育課生涯学習係
白石町	3		白石町役場資料
太良町	1	担当者が把握している数。	太良町教育委員会社会教育課
計	**1,455**		

を集める大きな神社もある。それらを差し置いて，「佐賀県こそが'えびす県'
だ！」と主張することはおこがましいと批判される向きもあるであろう。しか
しながら，神社信仰はさておき，民間信仰としてのえびすについて語るならば，
日本でも最も多くのえびす像を祀って日々これを崇敬し，あまつさえ，現在で
も新たにえびす像を作ってこれを祀ることが続いており，結果，えびす像が現
在進行形で増加中なのである。何しろ，佐賀市内だけで，確認されたえびす
像が，828体（2015（平成27）年現在）も存在する。県内の他の市町では，佐賀市
のようなまとまった調査は行われていないが，佐賀県教育庁文化財課，各市町
教育委員会文化財係を通じて確認したところ，**表1-1**のようにえびす像の存

在を確認することができた。これをみると、えびす像の数においては、佐賀市、小城市、多久市の県央3市と、長崎街道沿いのみやき町が群を抜いていること、それ以外では伊万里市や鹿島市、嬉野市塩田といった主要街道の通る港町に多いことがわかる。えびすが、商売の神、漁(海)の神として崇敬を集めてきていることが、一目瞭然である。もちろん**表1-1**は、あくまで各市町での判明分であり、中には見逃されてしまったもの、また、家の中や庭内に祀ってあるものについては確認の仕様がないため、実際にはもっとたくさんのえびす像のあることが推測される。いずれにせよ、県全体で、確認されたえびす像が、合計1,455体と、これはもちろん、推定日本一の数なのである。このことだけでも、佐賀人の信仰心の厚さ、商売への熱い思いがよく理解されよう。佐賀の地名は、楠が栄えるからきているらしいが、賀(祝い、よろこび)を佐(勧める、さそう)という地名自体が何ともめでたい。このめでたい土地に、たくさんの福をもたらすえびす様が住んでおられる。

やはり、「佐賀は、これぞめでたい'えびす県'」なのである。

加えて、中世以来営々と続けられてきた干拓事業や農業、ノリ養殖の集団運営にみられるような地道な粘り強い努力ぶりでもわかるように、佐賀人は「継続は力なり」を体現し、個の力を集団事業に結集させる組織力において、比類なき力を持って福をつかんできた人々である。その組織的行動力は、間違いなく世界最強、佐賀の最大の魅力ともなっている。

注

1) 農林水産省(2005)による。
2) かつて、マス流通上効率の悪い少量他魚種の生産物を引き受けて捌く役割を担ってきたのが、各地の漁村で活躍してきた行商の婦人たちであったが、行商人の減少も著しく、流通網にのせることが難しくなってきている(中村2009b)。
3) 当該分野の先達である千葉徳爾は、場所(地域)という枠組みにこだわる地理学では、文化そのものの分析があまく、研究者自身も文化そのものへの関心を失いがちであると指摘している(千葉、1990)。
4) 佐賀市教育委員会編(1978)、江頭邦道・久間善郎編(1988)他。
5) 徳丸亜木(1999)。
6) 永原光彦編(2016)、恵比須DEまちづくりネットワーク(2016)(合本)による。
7) 佐賀県教育庁文化財課古川直樹氏、および各市町教育委員会文化財担当部署に

問い合わせて，判明分のみではあるが数を確認した。

文献等

朝倉隆太郎(1977)：「郷土料理シモツカレの地理的分布」，宇都宮大学教育学部紀要
　　27，pp.77-87。

石毛直道(1995)：『食の文化地理――舌のフィールドワーク――』，朝日新聞社，pp.1-
　　246。

石毛直道(2009)：『食の文化を語る』，ドメス出版，pp.1-418。

江頭邦道・久間善郎編(1988)：『エベスさん』，pp.1-117。

永原光彦編(2016)：『佐賀の恵比須台帳』，恵比須DEまちづくりネットワーク，
　　pp.1-112。および恵比須DE　まちづくりネットワーク(2016)：『佐賀ん町のえ
　　びすさん』，pp.1-38(以上，2冊合本)。

木村ムツ子(1974)：「郷土料理の地理的分布」，地理学評論47-6，pp.394-401。

佐賀市教育委員会編(1978)：『佐賀のエビス』，pp.1-145。

水津一朗(1976)：「酒と文化圏」，地理21-12，pp.19-28。

千葉徳爾(1990)：『文化地理学入門』，大明堂，pp.1-141。

辻　稜三(1993)：「中国山地におけるトチノミ食とその地域差について」，人文地理
　　45-2，pp.178-191。

辻　稜三(1994)：「わが国における堅果食の分布に関する基礎的研究」，立命館文學
　　535，pp.389-425。

徳丸亜木(1999)：「えびす」(福田アジオ他編：『日本民俗大辞典』，吉川弘文館)，p.208。

中村周作(2009a)：『宮崎だれやみ論――酒と肴の文化地理――』，鉱脈社，pp.1-141。

中村周作(2009b)：『行商研究――移動就業行動の地理学――』，海青社，pp.1-304。

中村周作(2012a)：『宮崎だれやみ論――酒と肴の文化地理［改定増補版］――』，鉱脈
　　社，pp.1-149。

中村周作(2012b)：『熊本　酒と肴の文化地理――文化を核とする地域おこしへの提言
　　――』，熊本出版文化会館，pp.1-215.

中村周作(2014)：『酒と肴の文化地理――大分の地域食をめぐる旅――』，原書房，
　　pp.1-179。

農林水産省(2005)：『食料・農業・農村白書』，pp.39-44。

野中健一(2008)：『昆虫食先進国ニッポン』，亜紀書房，pp.1-294。

日比野光敏(1999)：『すしの歴史を訪ねる』，岩波書店，pp.1-192。

山下宗利(1992)：「わが国における食文化の地域性とその変容」，佐賀大学教育学部
　　研究論文集39，pp.115-133。

有田焼のとっくりとおちょこ

〈第2章〉

佐賀県域における飲酒嗜好の地域的展開

2.1　はじめに

2.1.1　研究の目的

　酒は，人類が生み出した至高の文化のひとつであり，地理学においてもそれに関する多様な既存研究がみとめられる。ただ，酒に関する既存研究をひもとくと，その生産(青木，2003他)やそれに関わる労働に関するもの(松田，1999他)が大半で，その消費に関わる地域的な飲酒嗜好に関する研究蓄積が，調査の難しさもあって少ないことが指摘された(臼井・張，2010)。筆者は，そういった研究の空白部分を埋めるべく，地域的研究として，宮崎県域(中村，2009他)や，熊本県域(中村，2012)，大分県域(中村，2014)を事例とする一連の研究を行ってきた。本稿は，それら一連の研究の第4弾ということで，北部九州に位置する佐賀県域を事例とする。北部九州は，焼酎文化の卓越する中南部九州と違って従来，清酒文化圏として，わが国の大分の地域と共通する飲酒嗜好地域であったところに，数次の焼酎ブームの影響で焼酎嗜好が広がりをみせて今日に至る。したがって，佐賀県域での飲酒嗜好動向を把握することで，地域独自の状況を把握すると同時に，日本の大分の地域における飲酒嗜好とその変容をある程度見通すことが可能となろう。本稿の目的は，佐賀県域で，まず①税務署管内ごとの飲酒嗜好とその変容について把握すること，②より詳細な分析を通じて佐賀県域に展開する地域的な飲酒嗜好圏の析出を試みる。その上で，③わが国の清酒文化圏の飲酒嗜好とその変容について展望することである。

2.1.2　研究の方法

　佐賀県全域，および県内の地域的な飲酒嗜好の概要を掴むためのデータとして，まず，酒類消費に関する公的な統計である『福岡国税局統計書』[1]を使用す

る。この統計データでは，県内5税務署管内ごとの酒類別消費量とその推移を把握することができる。主要酒類として，清酒や単式蒸留焼酎，連続式蒸留焼酎などが分類されているが，単式蒸留焼酎に含まれるイモ，コメ，ムギなどの内訳や，当然のことであるが，実際に酒の販売に関わっている現場の声などを得ることはできない。そのため，そういった酒類消費の詳細を把握するための現地調査を実施した。本研究でも，宮崎，熊本，大分各県域における調査と同じく，各地の小売酒販店を聴き取りアンケート調査の対象とした。一般に長い経営期間を通じて地域に根付いてきた小売店は，現在でも地元の一定のファンに支えられていると考えられる。したがって，それぞれの地域での各店舗での売れ筋を把握することで，当該地域の飲酒嗜好をかなりの精度で明らかにすることができる。佐賀県域に分布する小売酒販店のうち，新興のディスカウントストアやスーパーマーケットを除いた件数をNTTタウンページで検索すると，合計で313件を数えることができる。これらを各市町の世帯数と店舗数を勘案して全市町に割り振った60件の店舗にアンケート用紙を送付し，全店舗を回って，回収時に補足聴き取り調査を行った。その結果，57件の有効回答を得ることができた[2]。なお，おもなアンケート・聴き取り内容は，①佐賀県域で嗜好される主要酒類である清酒，単式蒸留焼酎に含まれるイモ・ムギ・コメ・ソバ，連続式蒸留焼酎他の販売量（すなわち，消費量）の割合，②売れ筋銘柄（上位4位まで），③特定の銘柄が，地域で指示されている理由，④近年の飲酒嗜好の状況・変化などである[3]。

　熊本，大分両県の調査では，酒販小売業の自由化以降の大きな変化として，低価格を売りにするディスカウントストアやコンビニエンスストアといった競合相手の出現による打撃に始まり，その後，ディスカウントストアも酒と肴を併売するスーパーマーケットに太刀打ちできずに縮小，コンビニエンスストアも過当競争と経営の厳しさより廃業が進むなどがあり，一般小売店の廃業による縮小が顕著に表れていた。今回対象とした佐賀県域においても，同様の理由で廃業による酒販小売業界全体の縮小がみられたものの，一方で，他県とは違った小売業に関する新たな展開もみとめられた。これについては，実態の報告の中で述べていく。

2.2　地域の概観

　佐賀県は，九州北西部，福岡県と長崎県に挟まれる位置にある。県の面積2440.7 km²は，全47都道府県中の41位，人口83.3万人も同41位，世帯数29.4万も同43位という小規模県である。地勢的には，県東，福岡県境をなす脊振山系から県の北部を占める筑紫山地，それに連なる上場台地，杵島丘陵，そして長崎県境をなす多良岳山系といった山系群に取り巻かれて南半が干拓によって開かれた佐賀平野が広がっている。県北は，西に海食崖の卓越する東松浦半島，東に白砂青松の虹の松原が延びて波荒い玄界灘に接する。一方県の南には，遠浅で波静か，日本一の干満差を持ち，引き潮時に広大な潟が出現する内海の有明海が広がる。

　歴史的には，戦国時代に龍造寺隆信が，現佐賀市水ヶ江に居城を設けていたが，島津に敗れた後，家老の鍋島氏が取って代わって江戸時代を通じて佐賀藩を治めた。領内にはその支藩である蓮池，鹿島，小城の3藩が置かれた。また，唐津は，一部に天領があった他，寺沢，大久保，松平，土井，水野，小笠原とめまぐるしく大名が入れ替わった。そして，明治に入り，廃藩置県後の紆余曲折を経て，1883（明治16）年に佐賀県が設置されて今日に至っている。

　以上のように，地形的には高い山など地域を分断するような障壁はみとめられないが，歴史的経緯もあって，小県ながら佐賀と唐津では住民性がかなり異なるとされるなど，地域的な個性の強い地といえよう。[4)]

　本稿では，『福岡国税局統計書』等データを使用する関係で，以下，県内5税務署管轄区，すなわち，1. 鳥栖地区，2. 佐賀地区，3. 唐津地区，4. 伊万里地区，5. 武雄地区に分けて論を進める（**図2-1**）。まず，これらの5地域の概要について以下，説明する。

1）鳥栖地区

　鳥栖税務署管轄区に含まれる行政地域は，鳥栖市，神埼市，吉野ヶ里町，基山町，上峰町，みやき町の2市4町である。地域人口が17.3万人（人口はいずれも2015年国勢調査，全県比20.8％），面積が327.7 km²（全県比13.4％）となっている。県の東部に位置し，工業都市である鳥栖や，いわゆる大都市のベッドタ

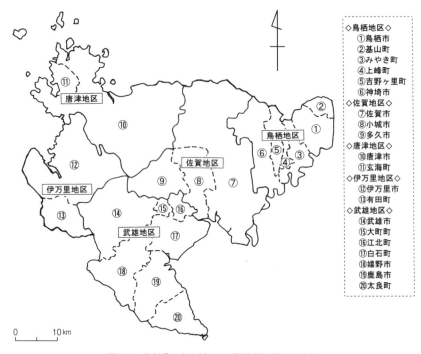

図2-1 佐賀県の市町村および税務署管轄区の分布

ウン，内陸農業など多様な展開をみせる地域である。

2) 佐賀地区

　佐賀税務署管轄区に含まれる行政地域は，佐賀市，小城市，多久市の県央3市である。地域人口が30.1万人(全県比36.1％)，面積が524.6 km^2(全県比25.6％)となっており，文字通り県の政治・経済の中心をなす地域である。地形的には，沿岸にまで広がる平野から筑紫山地と杵島丘陵に挟まれた谷口へと至る地域であり，都市的産業から米，大麦の二毛作が展開する平野農業，さらに干潟を含む内湾地域には，ノリ養殖や，当地独特の魚介類採捕業が展開する。

3) 唐津地区

　唐津税務署管轄区に含まれる行政地域は，唐津市と玄海町である。地域人口が12.9万人(全県比15.5％)，面積が523.5 km^2(全県比21.5％)となっている。県の北部，福岡県境から東松浦半島へ至るこの地域は，県第2の都市である唐津

市を擁し，沿岸の漁業・港湾機能，上場台地や内陸地域の農業など多様な産業が展開する。

4) 伊万里地区

伊万里税務署管轄区に含まれる行政地域は，伊万里市と有田町である。地域人口が7.6万人（全県比9.1％），面積が321.1 km²（全県比13.2％）となっている。県の北西部を占める有田・伊万里地区は伝統的な一大窯業地帯として知られる他，肉牛，ナシなどの特産がある農畜産業地域でもある。

5) 武雄地区

武雄税務署管轄区に含まれる行政地域は，武雄市，鹿島市，嬉野市，大町町，江北町，白石町，太良町の3市4町である。地域人口が15.5万人（全県比18.6％），面積が643.8 km²（全県比26.4％）ということで，面積上5地区最大となっている。県の西部，長崎県境へ至るこの地域は，温泉などの観光や米，タマネギ，レンコンなどの生産が盛んな平野・干拓地農業，山地斜面を使ったミカン栽培などで知られる地域である。

2.3 佐賀県域における飲酒嗜好の地域的展開

本章ではまず，佐賀県で嗜好されるおもな酒類のうち，地域的特性を見出しにくいビール系酒類を除く，清酒，単式蒸留焼酎，連続式蒸留焼酎に関する飲酒嗜好の展開について，国税局データ，および小売酒販店に対する聴き取りアンケート調査をもとに解説していく（**図2-2，表2-1**）。

その前に，佐賀県における酒造りの歴史と現状について，若干言及する。佐賀県は昔から清酒処であった。明治初期には，県内に300を超える醸造場があり，出荷しやすいように鹿島，佐賀，唐津等舟運の便の良いところに酒造業が発達したとされる（北島，1971）。

当県には，酒造業者の組織として，「佐賀県酒造組合」がある。当組合主事山﨑みち子氏によると，当組合は，1953（昭和28）年に結成され，当初加入酒造業者が大小81社あった。それが合併や廃業により1985（昭和60）年頃には44社，現在では27社となった。平成に入るころには小規模な業者の中には，自社製造をやめ，大手から酒を買って自社ブランドで売るところまで出てきた。そう

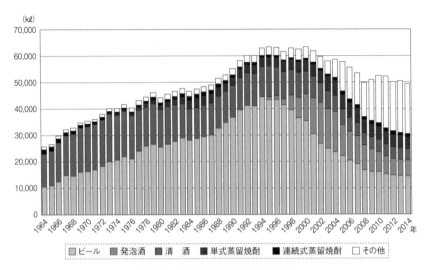

図2-2 佐賀県の酒類別消費量の推移
『福岡国税局統計書』他より作成。

表2-1 佐賀県市町別主要酒類消費割合

単位：％

	市町村名	清酒	単式蒸留焼酎					連続式蒸留焼酎	その他
			イモ焼酎	ムギ焼酎	コメ焼酎	ソバ焼酎	計		
1	鳥栖市	33.6	40.4	5.6	3.8	2.5	52.3	1.3	12.8
2	基山町	45.9	22.2	14.9	2.4	1.5	41.0	2.4	10.7
3	みやき町	16.5	50.0	16.0	0.0	0.0	66.0	17.5	0.0
4	上峰町	41.0	31.0	2.0	1.0	0.0	34.0	25.0	0.0
5	神埼市・吉野ヶ里町	29.8	21.4	12.7	4.8	3.9	42.8	6.9	20.5
6	佐賀市	56.6	23.9	8.9	3.0	1.3	37.1	2.5	3.8
7	小城市	55.6	17.1	7.5	5.1	2.5	32.2	0.6	11.6
8	多久市	45.0	47.5	5.0	1.5	0.0	54.0	0.5	0.5
9	唐津市	36.5	19.8	11.8	3.7	2.4	37.7	5.2	20.6
10	玄海町	32.5	40.0	10.0	6.0	2.5	58.5	6.0	3.0
11	伊万里市	31.4	30.7	10.6	4.9	1.2	47.4	7.5	13.7
12	有田町	42.8	18.4	12.3	3.4	0.9	35.0	4.6	17.7
13	武雄市	46.8	26.8	8.7	7.7	2.7	45.9	2.6	4.7
14	大町町	35.0	20.0	10.0	5.0	2.0	37.0	3.0	25.0
15	江北町	43.8	17.5	11.3	8.8	2.5	40.1	10.0	6.1
16	白石町	68.3	12.0	5.3	0.7	0.0	18.0	0.3	13.4
17	嬉野市	64.6	16.9	7.4	3.7	1.6	29.6	0.4	5.4
18	鹿島市	67.1	16.5	3.7	1.0	0.0	21.2	1.0	10.7
19	太良町	44.5	26.5	9.0	1.0	0.0	36.5	11.0	8.0

資料：小売酒販店57件への聴き取りアンケート。

いった中，平成8〜10年頃に，都会へ出ていたそういった小規模業者の後継者で，酒造業を再開するためにＵターンする者が10名近くあった。意欲のある若手担い手が続々誕生し，彼らが協力して酒造りに取り組んだことで[5]，佐賀県の酒造業界に新たな波が起こり，その対外的評価が高まるとともに，佐賀の濃醇甘口の清酒が全国的なブームを呼んでいる[6]。

2.3.1 酒類ごとの飲酒嗜好にみる特性

1）清　酒

佐賀県は，もともと北部九州清酒文化圏に属する地域であり，かつては清酒の消費量が圧倒的に多かった。福岡国税局の統計では，全酒類の消費に占める清酒の割合が最も高かったのが1966（昭和41）年の50.1％であり，量的なピークが1973（昭和48）年の17,891 kℓであった。何しろ1971（昭和46）年までは，清酒消費量がビールすら上回っていたのである。その後，しかし減少を続けて2015（平成27）年には，8.5％（4,184 kℓ）となった（**図2-2**）。ただ，先述の山﨑氏によると，清酒には，純米大吟醸から上撰，佳撰まで多様な種類分けがなされており，ランクの低い佳撰や上撰の生産を増やせば量的には拡大するが，高級で質の良いもの（特定名称酒[7]）への消費者の志向を反映して，今日では量より質，上級品の生産に力を入れている酒蔵が多く，生産量の減少のみで，清酒が好まれなくなったと断定することはできない。むしろ，佐賀県では，後述するように「清酒ブーム」の渦中にあるとのことであった。

小売酒販店に対する聴き取りアンケート調査結果より，現在でも清酒消費の多い市町をみると（**表2-1**），白石町，鹿島市，嬉野市，佐賀市，小城市の5市町が全消費量に占める割合で50％を超えている。これらは，県内でも酒造どころか，その周辺地域であることがわかる。

同じくアンケート結果より，県内で好まれる主要銘柄についてふれる（**表2-2**）。アンケートで，各店舗の売れ筋銘柄の1〜4位を答えていただいた。表中の得点は，それぞれの店舗での1位を4点，2位を3点，3位を2点，4位を1点として点数化し，合算したものである。この内容について，少し紹介しよう。トップの「鍋島」は，「インターナショナル・ワイン・チャレンジ（IWC）2011」で，日本酒部門の最優秀賞を受賞している。このことがあって，佐賀県

第2章　佐賀県域における飲酒嗜好の地域的展開

表2-2　佐賀県内で好まれる清酒の主要銘柄

順位	銘　柄	得点*1	嗜好市町数	酒蔵(本社所在地)
1	鍋島	58	10	富久千代酒造有限会社(鹿島市浜町)
2	能古見	51	10	有限会社馬場酒造場(鹿島市)
3	東一	46	14	五町田酒造株式会社(嬉野市塩田町)
4	天山	31	7	天山酒造株式会社(小城市)
5	太閤	24	2	鳴滝酒造株式会社(唐津市)
6	天吹	22	5	天吹酒造合資会社(みやき町)
7	東長	18	4	瀬頭酒造株式会社(嬉野市塩田町)
7	古伊万里「前」	18	6	古伊万里酒造有限会社(伊万里市)
9	窓乃梅	16	4	窓乃梅酒造株式会社(佐賀市久保田町)
10	基峰鶴	15	2	合資会社基山商店(基山町)
11	宮の松	11	2	合名会社松尾酒造場(有田町)
12	虎之児	10	1	井手酒造有限会社(嬉野市嬉野町)
13	肥前蔵心	8	3	矢野酒造株式会社(鹿島市)
14	万齢	7	3	小松酒造株式会社(唐津市相知町)
15	月桂冠	6	3	月桂冠株式会社(京都市伏見区)
16	白鶴	4	1	白鶴酒造株式会社(神戸市東灘区)
16	幡随院長兵衛	4	1	プライベートブランド
16	肥前杜氏	4	1	大和酒造株式会社(佐賀市大和町)
16	窓の月	4	1	大和酒造株式会社(佐賀市大和町)
20	浦霞	3	1	株式会社佐浦(宮城県塩竈市)
20	大関・丹波蔵	3	1	大関株式会社(兵庫県西宮市)
20	久保田	3	1	朝日酒造株式会社(新潟県長岡市)
20	獺祭	3	1	旭酒造株式会社(山口県岩国市)
20	光武	3	3	合資会社光武酒造場(鹿島市浜町)
25	一ノ蔵	2	1	株式会社一ノ蔵(宮城県大崎市)
25	白鹿	2	1	辰馬本家酒造株式会社(兵庫県西宮市)
27	出羽桜	1	1	出羽桜酒造株式会社(山形県天童市)
27	吉乃川	1	1	吉乃川株式会社(新潟県長岡市)

資料：県内小売酒販店57件に対する聴き取りアンケート。
＊1：売れ筋銘柄のうち，各店舗1位銘柄を4点，2位を3点，3位を2点，4位を1点として合算した総得点。

は，今，他県と違って，「獺祭」に沸く山口県と並んで全国注目の清酒ブームの最中にあり，超人気となった「鍋島」も地元で消費されるというよりも，全国各地から引き合いが来て品不足状態にある。特約の条件も厳しいものがあるが，県内10市町で取り扱われている。「鍋島」は，鹿島市で生産される酒であるが，同市浜町から隣接する嬉野市塩田町にかけては，県内でも有数の酒造処とし

て知られている。好まれる銘柄でも上位にきている「能古見」,「東一」,「東長」,「肥前蔵心」などがこの地で作られている。なお,地域別で佐賀県でも最も広く愛飲されているのが「東一」の14市町,次いで「鍋島」と並んで「能古見」の10市町となっている。これらに次ぐのが小城の「天山」,伊万里の「古伊万里」,みやきの「天吹」など凡県域ブランドといえる。これに対して,得点は高いが飲酒地域の狭い唐津の「太閤」,基山の「基峰鶴」,有田の「宮の松」などは地域に根付いた地元の酒といえよう。

2) 単式蒸留焼酎

図2-2.福岡国税局の統計をみると,単式蒸留焼酎は,1968・69(昭和43・44)年時点で年間わずか124kℓ,全酒類消費量に占める割合が0.4%と,一般にはほとんど飲まれない酒であったことがわかる。その後も長い低迷期が続き,消費割合が5%を超えたのが1983(昭和58)年,全国的に焼酎ブームが到来したといわれる2000(平成12)年時点でも,6.8%であった。その後,ブームに乗って2004(平成16)年に消費量のピーク(5,908kℓ),割合もようやく2桁(10.1%)となった。割合上のピークは,2007(平成19)年の10.6%であり,ブームが去るとともに漸減して2014(平成26)年現在では4,585kℓ(割合9.3%)となった。ちなみに,2006(平成18)年に量の上で単式蒸留焼酎が清酒を上回って今日に至っている。

小売酒販店に対する聴き取りアンケート調査結果より,現在単式蒸留焼酎の中で最大の消費量を持つイモ焼酎消費の多い市町をみると(**表2-1**),みやき町,多久市,鳥栖市,玄海町が40%を超えており,これらに次ぐのが上峰町,伊万里市である。こうしてみると,イモ焼酎の消費中心は県東部と県西北部の2地域に分化していることがわかる。

イモ焼酎に次いで消費量の多いムギ焼酎の飲酒中心は,みやき町,基山町,神埼市・吉野ヶ里町と有田町が10%を超えている。これも県東部に飲酒嗜好の中心があることがわかる。コメ焼酎の消費量は多くないが,その中で,江北町,武雄市,玄海町が6%を超えており,分散的ではあるが県西部で好まれている。

同じくアンケート結果より,県内で好まれる主要銘柄についてふれる(**表2-3**)。佐賀県内消費において圧倒的に強いのがイモ焼酎の「黒霧島」(宮崎県都城市)であり,16市町で愛飲されている点でも,清酒他の全銘柄を凌駕してい

表2-3　佐賀県内で好まれる単式蒸留焼酎の主要銘柄

順位	銘　柄	得点*1	嗜好市町数	酒蔵(本社所在地)
1	黒霧島	89	16	霧島酒造株式会社(宮崎県都城市)
2	島美人	10	2	長島研醸有限会社(鹿児島県長島町)
3	いいちこ	10	4	三和酒類株式会社(大分県宇佐市)
4	さつま白波	9	3	薩摩酒造株式会社(鹿児島県枕崎市)
5	赤兎馬	5	2	濱田酒造株式会社(鹿児島県いちき串木野市)
5	鷹正宗　麦	5	2	鷹正宗株式会社(福岡県久留米市)
7	のんのこ黒	4	3	宗政酒造株式会社(佐賀県有田町)
7	萬世	4	1	萬世酒造株式会社(鹿児島県南さつま市)
7	ひむかのくろうま	4	2	神楽酒造株式会社(宮崎県高千穂町)
10	二階堂	3	2	二階堂酒蔵有限会社(大分県日出町)
10	白岳「しろ」	3	2	高橋酒造株式会社(熊本県人吉市)
10	魔王	3	1	白玉醸造合名会社(鹿児島県錦江町)
10	湧水	3	1	小正醸造株式会社(鹿児島市)
14	富乃宝山	2	1	西酒造株式会社(鹿児島県日置市)
15	明るい農村	1	1	株式会社 霧島町蒸留所(鹿児島県霧島市)
15	壱岐ゴールド	1	1	玄海酒造株式会社(長崎県壱岐市)
15	隠し蔵	1	1	濱田酒造株式会社(鹿児島県いちき串木野市)
15	黒伊佐錦	1	1	大口酒造株式会社(鹿児島県伊佐市)
15	黒泉山	1	1	宗政酒造株式会社(有田町)
15	大自然林	1	1	本坊酒造株式会社(鹿児島市，生産：屋久島町)
15	三岳	1	1	三岳酒造株式会社(鹿児島県屋久島町)

資料：県内小売酒販店57件に対する聴き取りアンケート。
＊1：売れ筋銘柄のうち，各店舗1位銘柄を4点，2位を3点，3位を2点，4位を1点として合算した総得点。

ることがわかる。これに次ぐのがムギ焼酎「いいちこ」(大分県宇佐市)であるが
得点的にも飲酒地域が4市町という点でも差は大きい。これらの後に，鹿児島
イモ焼酎「島美人」(鹿児島県長島町)，「さつま白波」(同県枕崎市)，「赤兎馬」(同
県いちき串木野市)，「めちゃうま麦」(福岡県久留米市)，そしてようやく地元産
「のんのこ黒」(佐賀県有田町)が出てくる。このように，単式蒸留焼酎の消費を
押し上げてきたのは，他県産焼酎の流入によることがわかる。

3) 連続式蒸留焼酎

佐賀県においては，単式蒸留焼酎に比べると連続式蒸留焼酎は，かつてわり
と好まれてきた酒であった。図2-2，福岡国税局の統計をみると，その消費量
のピークは，統計のある初年度1964(昭和39)年の1,523kℓであり，全酒類消費

量に占める割合が6.0%，当時は，単純計算で単式蒸留焼酎の約11倍飲まれていた。ただこれは，単式蒸留焼酎が当時，ほとんど飲まれていなかったためであり，清酒と比べると，約1/8と消費量は少ない。先に調査を行った熊本県の酒販店で聴き取れた話によると，連続式蒸留焼酎は，安価大量生産が可能なこともあって，戦時中の配給で唯一消費者に回ってきた酒であり，その時期に味を覚えた人々に根強い人気があった。しかし，その後は，新規消費者が増えない中で，消費も漸減を続けてきた。1980～90年頃のチューハイブームを経て2004年以降の焼酎ブームの影響で，消費が微増に転じて現在に至っている。

　小売酒販店に対する聴き取りアンケート調査結果(**表2-1**)より，現在連続式蒸留焼酎の消費が10%を超えているのは，上峰町，みやき町，太良町，江北町の4町である。都市部でほとんど好まれなくなった連続式蒸留焼酎が，縁辺の郡部で生き残っているといえよう。

　同じくアンケート結果より，県内で好まれる主要銘柄についてふれる(**表2-4**)。といっても，連続式蒸留焼酎で出てくる銘柄は，わずか4種類である。伊万里，上峰で出てきた「寶(宝)」(京都市)，唐津の「ダルマ」(広島県廿日市市)，太良の「寶星(宝星)」(鹿児島市)，佐賀市，玄海町の「ダイヤ」(東京都)が各地で飲まれている。

表2-4　佐賀県内で好まれる連続式蒸留焼酎の銘柄

順位	銘　柄	得点*1	嗜好市町数	酒蔵(本社所在地)
1	寶(宝焼酎)	4	2	宝酒造株式会社(京都市伏見区)
1	ダルマ	4	1	中国醸造株式会社(広島県廿日市市)
3	寶星(宝星)	3	1	本坊酒造株式会社(鹿児島市)
4	ダイヤ	2	2	アサヒビール株式会社(東京都墨田区)

資料：県内小売酒販店57件に対する聴き取りアンケート。
＊1：売れ筋銘柄のうち，各店舗1位銘柄を4点，2位を3点，3位を2点，4位を1点として合算した総得点。

2.3.2　地域ごとにみた飲酒嗜好の展開

ここでは，先にあげた5税務署管轄区ごとに，飲酒嗜好の展開をみていく。

1）鳥栖地区

『福岡国税局統計書』等より，佐賀県東部を占める鳥栖地区の酒類別消費量

の推移をみると(**図2-3**),当初ビールよりも消費量の多かった清酒は,割合的には1966(昭和41)年に全酒類消費量に占める割合51.6%,量的には1972(昭和47)年に2,137kℓとピークを迎えた。その後はしかし,一貫した減少を続けて2014(平成26)年には,586kℓ(消費割合の6.7%)となった。連続式蒸留焼酎のピークは,割合的には1964(昭和39)年の5.0%であり,以後微減傾向にあったものが,焼酎ブームの影響もあって2000(平成12)年で底を打って微増に転じ,量的なピークが2006(平成18)年の328kℓとなっている。これらに対して単式蒸留焼酎は,1965(昭和40)年時点で,わずか15kℓ(消費割合の0.5%)に過ぎなかったものが,その後漸増を続け2000(平成12)年以降の焼酎ブームに乗って2004(平成16)年に1,065kℓ(消費割合の10.7%)とピークを迎える。また,この年に初めて消費量上単式蒸留焼酎が清酒を上回った。

　小売酒販店に対する聴き取りアンケート調査の結果をもとに,より詳細な分析を進めていこう。**図2-4**より,現在当地区で最も好まれているのが清酒(ビール類を除く全酒類消費中の33.9%)であるが,イモ焼酎(同31.9%)とはほとんど差がない。それにムギ焼酎(同9.9%),連続式蒸留焼酎(同6.7%)が続いている。ちなみに,連続式蒸留焼酎の消費割合は,5地区中で最も高くなっている。佐賀県内は,どこでも清酒消費を中心ベースとしているが,その多寡は,他の酒類の浸透具合による。その意味で当地区は,単式蒸留焼酎(特にイモとムギ)の流入と,連続式蒸留焼酎の強さもあって,清酒消費が幾分減じている地域といえよう。

　鳥栖地区の近年の状況についての小売酒販店のコメントをいくつか紹介しよう。「特に郡部で小売店の廃業が顕著で,酒販組合もその体をなしえなくなっている。客も高齢者が多く,若者が買いに来ない。」「1998(平成10)年頃から清酒の消費が減り,他県から流入する焼酎の消費が増えてきた。当初は,臭くなく飲みやすい「いいちこ」が売れたが,次第に「黒霧島」にシェアを奪われた。「黒霧島」がイモ焼酎でありながら,品質改良でそれほど臭くなくなったことが大きいと思われる。しかし現在は,再び清酒の時代が来ている。ただし,昔のように安かろう悪かろうではなく,いわゆる特定名称酒の質の良い酒が売れる。」「清酒に関して,佐賀県では一般に甘口が多いが,県東部では伝統的に辛口の酒が造られ,好まれてきた点が他地域と違うところである。」

2.3 佐賀県域における飲酒嗜好の地域的展開

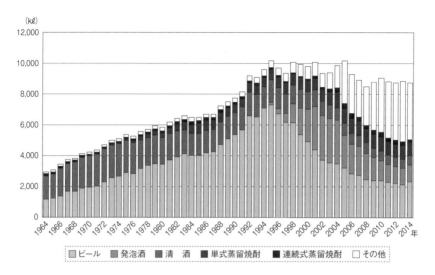

図2-3　鳥栖地区酒類別消費量の推移
『福岡国税局統計書』他より作成。

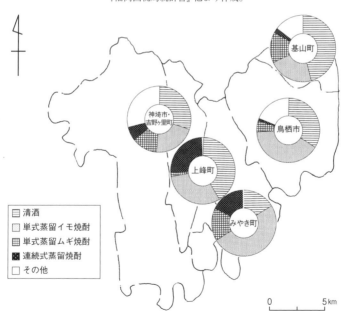

図2-4　鳥栖地区における市町別主要酒類消費割合
地区内小売酒販店11件に対する聴き取りアンケートより作成。

2) 佐賀地区

『福岡国税局統計書』等より，佐賀県の中心的位置を占める佐賀地区の酒類別消費量の推移をみると（**図2-5**），統計上の初期消費量の上で，ビールと拮抗していた清酒は，割合的には1966（昭和41）年に全酒類消費量に占める割合が48.2％，量的には1972（昭和47）年に5,746kℓとピークを迎えた。その後はやはり，一貫して減少を続け，2014（平成26）年には，1,435kℓ（消費割合の8.4％）となった。連続式蒸留焼酎は，当地区では昔からそれほど好まれてきた酒類ではない。そのピークは，割合的には1964（昭和39）年の3.8％であり，以後微減傾向にあったものが，焼酎ブームの影響もあって2000（平成12）年で底を打って微増に転じ，量的なピークが2010（平成22）年の457kℓとなっている。これらに対して単式蒸留焼酎は，1964（昭和39）年時点で，わずか30kℓ（消費割合の0.3％）に過ぎなかったものが，その後漸増し，焼酎ブームの最中にあった2004（平成16）年に量的なピーク（1,882kℓ），2006（平成18）年には清酒消費量を超え，2007（平成19）年に割合上のピーク（9.9％）となって，ブーム後に微減に転じて今日に至っている。消費動向は，先述の鳥栖地区に似ているが，鳥栖と比べると，依然として清酒の強さが特徴の地域といえよう。

小売酒販店に対する聴き取りアンケート調査の結果（**図2-6**）をみると，現在当地区で最も好まれているのがやはり，清酒（ビール類を除く全酒類消費中の54.9％）であり，これに次ぐイモ焼酎の消費割合が25.7％であることからみても，伝統的に清酒の強い地域であることがわかる。これらに次ぐのがムギ焼酎（同8.1％）であり，他は，連続式蒸留焼酎を含めて量的には少ない。ただ，当地区内でも多久市は，他と違って清酒よりもむしろ，イモ焼酎の好まれる地域である。この点について，小売店によると，多久には昔炭坑が多くあって，炭坑夫に焼酎が圧倒的に人気があった名残で，今も焼酎が好まれるということであった。

佐賀地区の近年の状況についての小売酒販店のコメントをいくつか紹介しよう。「昔，父の代には何でも売れたが，今はお客さんが酒に詳しくて，よいもの，特定名称酒でないと売れない。そういった意味では，安い酒をおもに扱うディスカウントも苦しいわけで，最終的にはがんばる小売専門店が生き残れると思う。」「お客の好みとして，しっかりとした味わいの一方でアルコール度数は軽

2.3 佐賀県域における飲酒嗜好の地域的展開

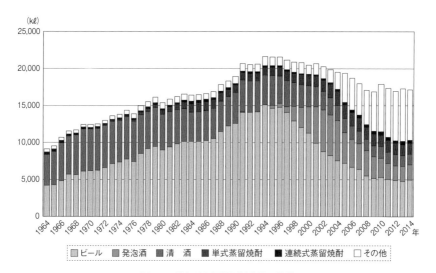

図2-5 佐賀地区酒類別消費量の推移
『福岡国税局統計書』他より作成。

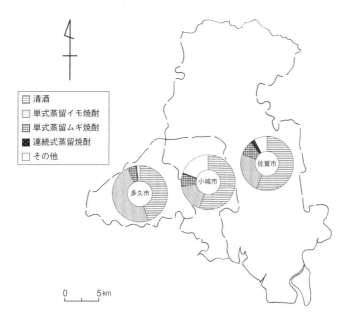

図2-6 佐賀地区における市別主要酒類消費割合
地区内小売酒販店15件に対する聴き取りアンケートより作成。

めという矛盾したものが求められる。」「一昔前は，新潟の淡麗辛口が好まれたが，今は佐賀の芳醇旨口の酒の評判が上がって売れてきているのでうれしい。地元関係者(特に佐醸会)のがんばりとPRの成果だと思う。」「イモ焼酎は，何でもございというブームの時季が去って，固定銘柄になりつつあり，他の商品が売れなくて苦しい。」

3) 唐津地区

『福岡国税局統計書』等より，佐賀県北部の中心都市である唐津市を抱える唐津地区の酒類別消費量の推移をみると(**図2-7**)，統計上の初期に消費量の上で，ビールと拮抗していた清酒は，割合的には1966(昭和41)年に全酒類消費量に占める割合が46.1％，量的には1973(昭和48)年に3,803kℓのピークを迎えている。その後はやはり一貫して減少を続けて2014(平成26)年には，696kℓ(消費割合の8.0％)となった。連続式蒸留焼酎のピークは，統計上の初年度である1964(昭和39)年の401kℓ(消費割合の8.0％)であり，鳥栖，佐賀地区と比べても消費量が多かったが，その後は漸減し，2000(平成12)年以降焼酎ブームの影響もあって微増に転じて現在に至っている。これらに対し，単式蒸留焼酎は，1969(昭和44)年時点で最少の36kℓ(消費割合の0.5％)に過ぎなかったものが，その後漸増し，焼酎ブーム最中の2003(平成15)年に1,220kℓ(消費割合の11.1％)のピークとなった。しかし，ブームの去った2008(平成20)年以降急減し，2014(平成26)年には，763kℓ(消費割合の9.1％)にまで落ち込んでいる。

　小売酒販店に対する聴き取りアンケート調査の結果(**図2-8**)をみると，現在当地区で最も好まれているのがやはり，清酒(ビール類を除く全酒類消費中の35.6％)であり，これに次ぐイモ焼酎の消費割合が24.3％，さらにムギ焼酎が11.4％，連続式蒸留焼酎が5.4％，コメ焼酎が4.2％となっている。これらの中では，特にムギ焼酎の消費割合が，5地区中で最も高くなっているところに地域的特徴が見いだせる。

　唐津地区の近年の状況についての小売酒販店のコメントをいくつか紹介しよう。町場では「ブーム後にイモ焼酎から日本酒にシフトしてきた。やはり，魚には地酒が合うとお客さんが気づいてきたからであろう。」「焼酎ブームは，ムギの「いいちこ」から始まったが，当初品薄でなかなか入荷しなかったため，代わりに「ひむかのくろうま」が入って定着した。その後，イモ焼酎に売れ筋

2.3 佐賀県域における飲酒嗜好の地域的展開

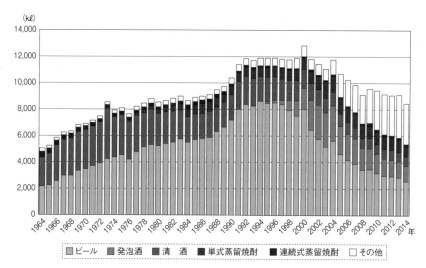

図2-7 唐津地区酒類別消費量の推移
『福岡国税局統計書』他より作成。

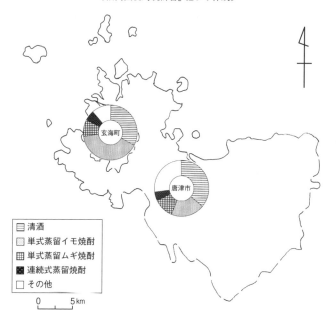

図2-8 唐津地区における市町別主要酒類消費割合
地区内小売酒販店9件に対する聴き取りアンケートより作成。

が変わった。」また，郡部では「昔は中央メーカーの清酒が強かったが，14～
15年前から地酒である「太閤」のシェアが大きく拡大して定着した。」「少子高
齢化で愛飲者が減り続けている。若者の酒離れも顕著で，飲んでくれる人はよ
り安い酒へと流れている。」

4) 伊万里地区

『福岡国税局統計書』等より，伊万里地区の酒類別消費量の推移をみると（**図
2-9**），統計上の初期に消費量においてビールをはるかに凌駕していた清酒は，
割合の上では1971（昭和46）年に全酒類消費量に占める割合が54.5％，量的に
は1972（昭和47）年に2,121kℓというピークを迎える。その後はやはり，他の地
区と同じように漸減し，2014（平成26）年には452kℓ（消費割合の8.7％）となった。
連続式蒸留焼酎のピークは，統計上の初年度である1964（昭和39）年の239kℓ
（消費割合の9.4％）であった。このピーク時での消費割合は，実は5地区中で最
も高い。すなわち，かつて最も連続式蒸留焼酎が好まれる地域であった。これ
も他地区同様その後漸減し，1998（平成10）年に底を打った（消費量83kℓ，消費
割合の1.3％）後，焼酎ブーム下で増加に転じて2010（平成22）年に164kℓ（消費割
合の3.0％）を記録するが，その後は微減を続けて現在に至っている。これらに
対して，単式蒸留焼酎は，1969（昭和44）年時点で最少の36kℓ（消費割合の0.5％）
に過ぎなかったものが漸増を続け，焼酎ブームの最中の2003（平成15）年には
1,220kℓ（消費割合の11.1％）となった。その後微減を続けながら現在に至ってい
る。

　小売酒販店に対する聴き取りアンケート調査の結果（**図2-10**）をみると，現
在当地区で最も好まれているのがやはり，清酒（ビール類を除く全酒類消費中の
35.2％）であり，これに次ぐイモ焼酎の消費割合が26.6％，さらにムギ焼酎が
11.2％，連続式蒸留焼酎が6.5％，コメ焼酎が4.4％となっている。この中で連
続式蒸留焼酎が，鳥栖地区と並んで好まれていることが，当地区の特徴といえ
よう。

　伊万里地区の近年の状況についての小売酒販店のコメントをいくつか紹介し
よう。「焼酎が変わらず強いが，清酒（純米酒）が最近伸びてきている。」「焼酎が
少し落ちてきた。和食にあうのはやはり日本酒，地酒が好まれる。」「明るくす
ると酒が劣化するので，店内の照明を落とすことにも気をつかっている。」「前

2.3 佐賀県域における飲酒嗜好の地域的展開　　35

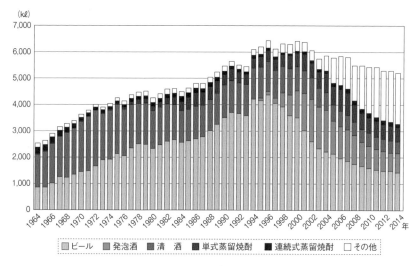

図2-9　伊万里地区酒類別消費量の推移
『福岡国税局統計書』他より作成。

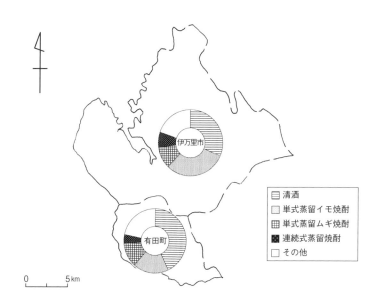

図2-10　伊万里地区における市町別主要酒類消費割合
地区内小売酒販店6件に対する聴き取りアンケートより作成。

は有名銘柄を買いに来るマニア的なお客が多かったが，今は名前よりも味で選ぶようになってきた。」

5) 武雄地区

『福岡国税局統計書』等より，伊万里地区の酒類別消費量の推移をみると（**図2-11**），統計上の初期においてビールをはるかに凌駕していた清酒は，割合の上では1966（昭和41）年に全酒類消費量に占める割合が54.9％，量的には1972（昭和47）年に4,598kℓというピークを迎える。その後はやはり，他の地区と同じように漸減し，2014（平成26）年には1,036kℓ（消費割合の10.6％）となった。連続式蒸留焼酎のピークは，割合上では1964（昭和39）年の6.4％であったが，以後漸減した後，量の上では，他地区に遅れていわゆるチューハイブーム期であった1984（昭和59）年の480kℓであった。その後再び漸減に転じたが，2000（平成12）年に底を打って再び漸増しつつ現在に至っている。これらに対して，単式蒸留焼酎は，1969（昭和44）年時点で最少の17kℓ（消費割合の0.2％）に過ぎなかったものが漸増を続け，焼酎ブーム末期の2005（平成17）年に量の上でのピーク1,087kℓ，割合の上では2007（平成19）年と2012（平成24）年に9.8％のピークがみとめられる。こうしてみると，最新時点での清酒の全酒類消費に占める割合が2桁台なのは，5地区中で武雄地区のみであり，当地区は，特に清酒の強い地区ということができる。

小売酒販店に対する聴き取りアンケート調査の結果（**図2-12**）をみると，現在当地区で最も好まれているのがやはり，清酒（ビール類を除く全酒類消費中の56.4％）であり，これに次ぐイモ焼酎の消費割合が18.6％，さらにムギ焼酎が7.6％，コメ焼酎が3.7％，連続式蒸留焼酎が3.4％に過ぎないことからも，当地区における清酒消費の強さが理解される。清酒が特に強いのが鹿島・嬉野両市，白石町であり，県内有数の清酒産地が，そのまま消費中心となっていることがわかる。一方で，地域別にみていくと，その様相はやや違ってくる。例えば，温泉観光地である武雄市は，福岡県からの観光客に対応する形でイモ焼酎の割合が比較的高いし，大町町や江北町でムギ焼酎，江北町では連続式蒸留焼酎が高くなっているのは，旧炭坑町としての名残かもしれない。また，太良町でも連続式蒸留焼酎の割合が高いのは，同酒類が県の縁辺部に残っている例でもある。

2.3 佐賀県域における飲酒嗜好の地域的展開

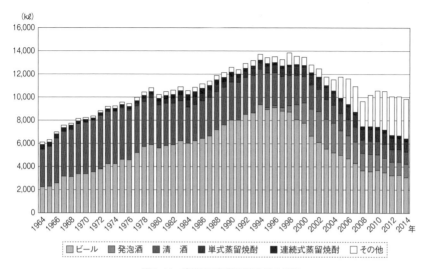

図2-11 武雄地区酒類別消費量の推移
『福岡国税局統計書』他より作成。

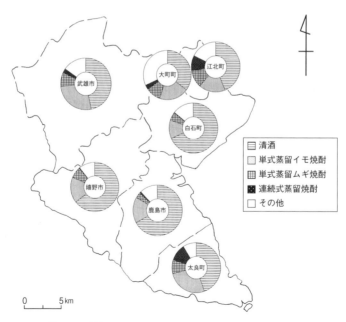

図2-12 武雄地区における市町別主要酒類消費割合
地区内小売酒販店16件に対する聴き取りアンケートより作成。

武雄地区の近年の状況についての小売酒販店のコメントをいくつか紹介しよう。「食の多様化，嗜好の変化から，濃厚甘口清酒から吟醸酒やワインへと客の嗜好が変化しつつある。」「有明海のくせのある魚には，パンチのある酒があう。昔，大町に炭坑があった頃は，連続式蒸留焼酎が圧倒的に人気があった。その後，焼酎，そして清酒へと嗜好が変わってきた。」「若い方で清酒，特に特定名称酒を好まれる方が増えた。」「飲酒の習慣が変化してきた。昔は，晩酌で毎日飲まれる方が多かったが，最近はご夫婦でゆっくりとワンランク上の清酒を楽しまれる方が増えてきた。」「今は，地元のいい清酒が好まれる。実は20年ほど前にも同じような傾向があったが，いい酒に高い価格設定をしたことで清酒離れが起きて焼酎ブームへと突き進む結果となった。そういう意味では，今後の傾向も不透明なところがある。」「普通酒は，量販店に流れてしまったので，15年ほど前から地酒純米酒にこだわって扱ってきた。お客も店を使い分けていて，晩酌用は量販店，進物などで専門小売店を利用される。」「近年は，県内産のよいお酒を売る店が増えてきて過当競争気味の点が困る。」「お客は地元の方が多い。白石町のこのあたりでは，余裕のある50歳代の方とよい酒の味を覚えた30歳代の方が純米吟醸酒を好まれるが，40歳代の方は仕事が忙しいのか，飲む人がなぜか少ない。」「鹿島の地元で評価の高い酒を売っている。最近は遠方（長崎・福岡県）からの店買いの方とインターネット注文が半々ぐらいといったところである。」「太良町では昔は，連続式蒸留焼酎の「ダイヤ」や「寶星（宝星）」が受けていたが，いつの間にかイモ，ムギの単式蒸留焼酎に変わった。」

2.4 佐賀県域における飲酒嗜好地域区分の設定

　前章では，統計および小売酒販店に対する聴き取りアンケート調査データをもとに，佐賀県内5地区ごとの飲酒嗜好に関する地域的特性について言及してきた。本章では，前章を受けて住民の飲酒嗜好からみた佐賀県域の地域区分を試みる。その前に，当県における飲酒嗜好地域形成の歴史的な経緯について解説する。

　佐賀県は，伝統的に清酒文化圏に属する地域であった。清酒造りの歴史も定

かではないが，現在，県酒造組合に所属している27社に限って創業年をみると，最も古い元禄元年の窓乃梅酒造を始め，江戸時代創業の企業が約半分の13社ある。その他，明治期創業が8社，大正期が3社，昭和以降は，それ以前に操業のあった数社が合併新設したものなど3社に過ぎない[8]。こういった古い歴史を持つ清酒製造・嗜好地域に，わが国では，1910(明治43)年から生産が始まり，大正期を通じて生産が拡大した連続式蒸留焼酎が入り込んでくる。特に戦時中，安価に大量生産が可能な連続式蒸留焼酎が配給酒とされたことで，同酒の消費が一挙に拡大する[9]。しかし，その後，徐々に消費が減じるとともに，消費地域も高齢化のより進んだ県の縁辺部へと，いわゆる「文化周圏論[10]」的理由で追いやられてくる。さらに，明治半ばより佐賀県各地で炭鉱開発が進み，炭鉱労働者が県外から多数流入するようになった。彼らが，安価で高度数の酒を好んだこともあって，焼酎類が県内に入り込むことになる。さらに，2000(平成12)年以降の全国を席巻した焼酎(単式蒸留焼酎)ブームの波が佐賀県に及ぶ。ただし，当初，佐賀県には単式蒸留焼酎の製造所がなかったので，これらは，他県から全面的に持ち込まれるものであった。初期には臭いがなく飲みやすいということで大分や宮崎県産のムギ焼酎が，それに続いて宮崎・鹿児島県産の本格イモ焼酎が流入して県内一円に広がった。

　こういった飲酒嗜好地域の形成の歴史を経て，現在みとめられる地域区分を示したのが**図2-13**である。図でわかるように，佐賀県の飲酒嗜好地域はⅠ〜Ⅲに分けることができる。本図について解説しよう。

Ⅰ「清酒嗜好卓越型」

　今日でも伝統的な清酒文化が残っている地域，さらに，近年の佐賀地酒ブームに乗って新展開した地域が含まれている。ここは，同時に現在でも佐賀県内で清酒醸造所が中心的に分布する生産——消費が直結する地域でもある。

Ⅱ「単式蒸留イモ焼酎・清酒嗜好拮抗型」

　例えば，鳥栖市は，九州の交通ターミナルとして九州中東西南北の飲酒文化が交差する地域であり，伝統的な清酒嗜好に加えていち早く南九州のイモ焼酎のシェアが拡大した地域である。また，多久市は，かつての炭鉱地であり，根強い焼酎嗜好がみとめられる。この他，県の縁辺部である玄海町や伊万里市がこれに含まれている。

図2-13 佐賀県域における飲酒嗜好地域の展開

Ⅲ「清酒・単式蒸留イモ焼酎・単式蒸留ムギ焼酎・連続式蒸留焼酎嗜好拮抗型」

　この型は，県の縁辺部に位置する2地域が含まれる。このうちの東部の三養基・神埼地区は，ムギ，イモの順に県外，すなわち福岡方面から入ってきた焼酎ブームの最も大きな影響を受けた地域であり，同時に県の縁辺部として連続式蒸留焼酎嗜好も根強い結果，この型となっている。一方の太良町は，伝統的な清酒嗜好に加えて，名物であるカニやカキなどの海産物，温泉などの存在で，福岡県あたりからの観光客の流入が大きい地域であり，そういった観光客の嗜好もあってイモ，ムギ嗜好がみとめられる他，伝統的に連続式蒸留焼酎の強い地域でもある。

2.5　結　び

　本稿の目的は，佐賀県域で，まず①税務署管内ごとの飲酒嗜好とその変容に

ついて把握すること，②より詳細な分析を通じて佐賀県域に展開する地域的な飲酒嗜好圏の析出を試みる。その上で，③わが国の清酒文化圏の飲酒嗜好とその変容について展望することである。研究の成果をまとめると，以下のようになる。

　1．佐賀県域における独自の飲酒嗜好文化は，常に東接する福岡県方面から波及するブームと称される文化的な波の影響を強く受けてきた。

　2．酒類別飲酒嗜好について清酒をみると，消費量の減少が著しい。ただし，これはいわゆる普通酒とされる大量生産酒の減少が著しいためであり，上級の特定名称酒の生産に関しては近年好調であり，佐賀酒ブームというべき状況となっている。

　3．単式蒸留焼酎は，消費量が年々増加し，いわゆる焼酎ブーム末期の2007（平成19）年にピークとなったが，ブームが去って漸減傾向にあり，多くの銘柄（業者）が淘汰されて，特定銘柄のみ生き残っているような状況である。

　4．連続式蒸留焼酎消費は，漸減を続けてきた。1980〜90年頃のチューハイブームと2004年以降の焼酎ブームの影響で，消費が微増に転じて現在に至っている。地域的には，県の縁辺部での消費が大きい。

　5．地区別に飲酒嗜好の特徴をみると，1）鳥栖地区は，単式蒸留焼酎（特にイモとムギ）の流入と，連続式蒸留焼酎の強さもあって，清酒消費が幾分減じている地域である。2）佐賀地区は，伝統的に清酒嗜好の強い地区である。ただし，多久は，旧炭鉱地として焼酎消費嗜好が根強い。3）唐津地区も，清酒嗜好の強い地区である。それ以外ではムギ焼酎の消費割合が5地区中で最も高い。4）伊万里地区は，清酒・イモ消費嗜好が拮抗するが，連続式蒸留焼酎の消費割合も鳥栖地区と並んで高い。5）武雄地区も，清酒消費の強い地区である。特に強いのが鹿島・嬉野両市，白石町であり，県内有数の清酒産地が，そのまま消費中心となっている。一方で，地域別にみていくと，温泉観光地である武雄市はイモ焼酎の割合が高いし，大町町や江北町でムギ焼酎，江北町や太良町で連続式蒸留焼酎嗜好が強いのは，それが県の縁辺部に残っている例である。

　6．佐賀県域における飲酒嗜好地域は，Ⅰ「清酒嗜好卓越型」清酒嗜好が強い伝統の系譜を引く地域である。現在でも佐賀県内で清酒醸造所が中心的に分布する生産——消費が直結する地域でもある。Ⅱ「単式蒸留イモ焼酎・清酒嗜好拮

抗型」鳥栖市は，九州の中で東西南北の飲酒文化が交差する地域であり，伝統的な清酒嗜好に加えていち早く南九州のイモ焼酎のシェアが拡大した。多久市は，かつての炭鉱地で根強い焼酎嗜好がみとめられる。Ⅲ「清酒・単式蒸留イモ焼酎・単式蒸留ムギ焼酎・連続式蒸留焼酎嗜好拮抗型」この型は，県の縁辺部に位置する２地域が含まれる。このうちの東部の三養基・神埼地区は，福岡方面から入ってきた焼酎ブームの最も大きな影響を受けた地域であり，同時に県の縁辺部として連続式蒸留焼酎嗜好も根強い。太良町は，伝統的な清酒嗜好に加えて，福岡県あたりからの観光客の流入が大きく，観光客の嗜好もあってイモ，ムギ焼酎嗜好がみとめられる他，伝統的に連続式蒸留焼酎の強い地域である。

　以上，佐賀県域における飲酒嗜好に関する研究の所期の目的をある程度達成できたと考える。調査上の問題をあげる。今回も，宮崎，熊本，大分各県域での調査と同じく，地域的な嗜好を反映する小売酒販店での聴き取りアンケート調査を行った。ただ，前回までの調査と違った想定外のこととして，佐賀県域では，地産の特定名称酒を取り扱うことでブームに乗り，全国的に顧客を獲得して経営が良好な店舗と，取り扱うことができずに経営のきわめて厳しく廃業寸前の店舗との小売酒販店間での分化が顕著であったことである。後者は，地域のファンが離れて嗜好を反映しえなくなっているし，羽振りのよい前者も，全国的嗜好を捉えるのにはよいが，地域的な飲酒嗜好を反映しているとは言いがたい。したがって，小売酒販店での聴き取りアンケート調査が，最もよい方法であったかどうかについては再検討を要する。ただ，一般住民の酒類購入の大口となっている量販店を対象としたとしても，それが当該地域の飲酒嗜好を反映しているとは必ずしも言いがたい。[11]なお，今回の調査では，国税庁の統計データである程度捕捉することで，地域的特徴を把握することができた。

　全国的には，焼酎ブームが一段落して，次に何が来るのかが問われているが，こと佐賀県では，日常酒としての焼酎や普通酒だけでなく，質のよい清酒を中心とした，より成熟した飲酒嗜好の展開がみとめられた。

［付記］現地調査では，佐賀県酒造組合の山﨑みち子主事他関係者にお世話になった。とりわけ，小売酒販店の皆様方にご厚情を賜ることで聴き取りアンケート調査

を遂行し，貴重なお話を伺うことができた。本来ならば皆様方のお名前をお一人お一人列挙して感謝申し上げるべきところであるが，紙面の都合もあるので，ここではそれは控えるが，記して厚く感謝申し上げる。なお，本稿の骨子については，2017年度日本地理学会春季学術大会において発表した。

注

1) 福岡国税局：「税務署別酒類販売(消費)数量」(同：『福岡国税局統計書』，1999年まで)。2000年以降は同局ホームページ：http://www.nta.go.jp/fukuoka/kohyo/tokei/index.htm。

2) 調査店舗数の市町別内訳は，佐賀市10件，唐津市7件，鳥栖市4件，多久市2件，伊万里市4件，武雄市2件，鹿島市2件，小城市3件，嬉野市4件，神埼市・吉野ヶ里町3件，基山町2件，上峰町1件，みやき町1件，玄海町2件，有田町2件，大町町2件，江北町1件，白石町3件，太良町2件の計57件である。1行政区当たり最低複数件の調査を試みたが，地域内に酒販小売店が1件しかないところもあって上記調査件数となった。なお，吉野ヶ里町では回答が1件も得られなかったため，神埼市郡として神埼市と合わせて分析した。

3) 調査は，①2015年11月28・29日(県東，鳥栖～佐賀市方面)，②2015年12月19・20日(唐津・伊万里～佐賀市の一部)，③2016年2月18～20日(①，②回での調査の残38件)の3回に分けて，一部学生の協力を得て実施した。

4) 本章については，佐賀県(2016a)，同(2016b)，および五十嵐勉(2012)を参照した。

5) 佐賀県の酒造業を担う若手の集う「佐醸会」がリードして協力体制ができたとされる。

6) 2015年11月18日，佐賀県酒造組合主事山﨑みち子氏に対する聴き取り調査による。また，佐賀県産酒の活況に関する事情については，佐賀県農林水産商工本部流通課(2016)による。

7) 特定名称酒とは，1989(平成元)年に定められた「清酒の製法品質表示基準」(国税庁告示第8号)に示された以下の8の普通酒ではないもの。吟醸酒(精米歩合60％以下，米，米麹，醸造アルコール添加)，大吟醸酒(精米歩合50％以下，米，米麹，醸造アルコール添加)，純米酒(精米歩合規定なし，米，米麹のみ使用)，純米吟醸酒(精米歩合60％以下，米，米麹のみ使用)，純米大吟醸酒(精米歩合50％以下，米，米麹のみ使用)，特別純米酒(精米歩合，60％以下又は特別な製造方法，米，米麹のみ使用)，本醸造酒(精米歩合70％以下，米，米麹，醸造アルコール添加)，特別本醸造酒(精米歩合60％以下又は特別な製造方法，米，米麹，醸造アルコール添加)。国税庁(2016)による。

8) 各社ホームページ，および佐賀県酒造組合(2016)による。

9) 中村周作(2012)，p.41。

10) 文化周圏論とは，柳田国男が『蝸牛考』(刀江書院，1930)において発表した「文化の伝播は，あたかも石を投げ入れた時の水紋のように，中心から周辺に同心円状に波紋が広がり，やがて消えていく。すなわち，中央に新しいものが周辺にその一段前のものが展開するという説」である。佐野賢治(1999)：「周圏論」(福田アジオ他編：『日本民俗大辞典 上』)，吉川弘文館，p.811-813。

11) 量販店は，安価な商品を求めて遠方から車で来店する場合が多く，地域の飲酒嗜好を反映しているとは言いがたいので，調査対象から除外してきた。

文献等

青木隆浩(2003)：『近代酒造業の地域的展開』，吉川弘文館，pp.1-258。

五十嵐勉(2012)：「県の性格」(野澤秀樹・堂前亮平・手塚章編：『日本の地誌10 九州・沖縄』，朝倉書店，pp.198-202。

臼井麻未・張貴民(2010)：「酒に関する地理学的研究の現状とその課題」，愛媛大学教育学部紀要57，pp.227-236。

北島常一(1971)：「酒風土記 佐賀」，日本醸造協會雑誌66-12，pp.1156-1158。

佐野賢治(1999)：「周圏論」(福田アジオ他編：『日本民俗大辞典 上』)，吉川弘文館，pp.811-813。

時吉修・中村周作(2004)：「宮崎県域における飲酒嗜好にみる地域性」，立命館地理学16，pp.55-69。

中村周作(2009)：『宮崎だれやみ論――酒と肴の文化地理――』，鉱脈社，pp.1-141。

中村周作(2012)：『熊本 酒と肴の文化地理――文化を核とする地域おこしへの提言――』，熊本出版文化会館，pp.1-215。

中村周作(2014)：『酒と肴の文化地理――大分の地域食をめぐる旅――』，原書房，pp.1-179。

福岡国税局：「税務署別酒類販売(消費)数量」(同：『福岡国税局統計書』)。

松田松男(1999)：『戦後日本における酒造出稼ぎの変貌』，古今書院，pp.1-316。

柳田国男(1930)：『蝸牛考』，刀江書院，pp.1-173。

国税庁(2016)：「清酒の製法品質表示基準」の概要，同ホームページ：http://www.nta.go.jp/shiraberu/senmonjoho/sake/hyoji/seishu/gaiyo/02.htm。

佐賀県(2016a)：「佐賀県の紹介」，佐賀県ホームページ：http://www.pref.saga.lg.jp/kiji0032157/index.html。

佐賀県(2016b)：「佐賀県のすがた2016」，佐賀県ホームページ：http://www.pref.saga.lg.jp/kiji0037732/hindex.html。

佐賀県酒造組合(2016)：「佐賀の酒蔵紹介」，同ホームページ：http://www.sagasake.or.jp/main/4.html。

佐賀県農林水産商工本部流通課(2016)：「The Saga 認定酒」（同：「美食通信「ごちそう佐賀」)，同課ホームページ：http://gochiso-saga.com/premium/sagasake.php。

日本蒸留酒酒造組合(2016)：「焼酎甲類の歴史」，同ホームページ：http://www.shochu.or.jp/whats/history2.html。

ワタリガニ

〈第3章〉

佐賀県域における伝統的魚介類食の地域的展開

3.1　はじめに

3.1.1　問題の所在

　わが国において，魚介類はかつて副食の主役を担うものであり，その食が沿岸から内陸に至るあらゆる地域にまで展開していた。魚介類の地域的，さらに全国スケールでの生産・流通システムに支えられて，長い年月をかけて伝統的な地域食文化を形成してきたのである。しかしながら，そういった伝統的魚介類食は，いわゆる'魚離れ'や漁業生産・流通システムの変質による食材の入手難，それらの担い手の超高齢化に伴い，消失の危機にあるものが多い。したがって，地域に根付いてきた伝統的な魚介類食を記録に残すことが学問上の喫緊の課題となっている。さらに言えば，伝統文化を他の多様な地域資源と併用して再活用することで，担い手の高齢化・減少によってもたらされる社会的沈滞が著しいルーラルな地域の活性化に寄与することができると考える（中村，2009，2012b，2014）。

3.1.2　研究の目的と方法

　伝統的魚介類食に関する地理学の既存研究をみると，全国にわたる伝統食の分布と特徴を明らかにした木村（1974）では，沿岸から内陸にかけて様々な工夫を経て魚介摂食が行われてきたことが示された。また，市川（1986）では，東西の食文化の違いの中で，歳取り魚が西（ブリ）と東（サケ）に二分されていることを示した。全国の食生活の統計分析を行った山下（1992）では，1963年と1990年の家計出費に占める様々な食品を解析することで，食文化の地域的個性の喪失による均質化が進行したこと，すなわち伝統食の衰退が指摘されている。また，地域的個性のある伝統食研究の例として，関東地方のシモツカレの分布を

明らかにした朝倉(1977)もみられる。

　こうしてみると，副食の主役である伝統的魚介類食については，日本全域にわたる概観的記述や特定品目の分布研究はみられるものの，特定の地域を事例とした多様な魚介類食の展開に関しては，筆者の若干の成果を除いては，管見の限りほとんどみとめられない。先述のとおり伝統食の消失が叫ばれている今日，文化地理学的視座から現存する伝統的魚介類食の展開を解明する意義は大きい。

　そういった観点から，筆者は先に宮崎県域を事例として，伝統的魚介類料理58品目の摂食状況を把握するために，県全域で計853件のアンケート調査を行った。その結果，当県域での伝統的魚介類食には摂食に関する9つの地域的パターン，すなわち，①凡県域摂食型，②沿岸広域摂食型，③沿岸・山間広域摂食型，④山間広域摂食型，⑤その他の広域摂食型，⑥沿岸特定地域摂食型，⑦沿岸・山間特定地域摂食型，⑧山間特定地域摂食型，⑨その他の特定地域摂食型を見出すことができた(中村，2008，2009，2012a)。

　次いで同様の手法で熊本県域の伝統的魚介類料理73品目の摂食状況を把握するために，県全域で計658件のアンケート調査を行った。その結果，当県域での伝統的魚介類食には摂食に関する7つの地域的パターン，すなわち，①凡県域高摂食型，②凡県域中摂食型，③内陸広域摂食型，④沿岸・内陸広域摂食型，⑤沿岸・内陸特定地域摂食型，⑥内陸特定地域摂食型，⑦幻となりつつある魚介類食を見出すことができた(中村，2012b)。

　さらに，大分県域の伝統的魚介類食71品目の摂食状況を把握するために，県全域で488件のアンケート調査を行った。その結果，当県域での伝統的魚介類食には摂食に関する11の地域的パターン，すなわち，①凡県域高摂食型，②凡県域中摂食型，③沿岸・内陸広域摂食型，④沿岸広域摂食型，⑤内陸広域摂食型，⑥県南部地域摂食型，⑦県北・東部地域摂食型，⑧沿岸・内陸特定地域摂食型，⑨沿岸特定地域摂食型，⑩内陸特定地域摂食型，⑪幻となりつつある魚介料理を見出すことができた(中村，2013，2014)。

　以上のように，これまで筆者が見てきた宮崎・熊本・大分各県域の事例では，それぞれの地域の地理的歴史的，あるいは文化的背景をもとに，品目自体やそれらの摂食分布において各地，さらに全国に共通するもの，逆にきわめて地域

的な特徴を示すものなど多様な構成展開がみとめられた。

　本稿の目的は，伝統的魚介類食の地域的展開に関する研究のさらなる蓄積のため，佐賀県域を対象地域に，①長年根付いてきた地域財産としての伝統的魚介類食の特性を明らかにすること，②それらの摂食の現状および，その立地要因を把握することである。

　研究方法として，まず佐賀県の伝統的魚介料理を選定するために，既存文献等[1]の分析を行った。その上で，佐賀県栄養士会を通じて郷土料理の専門家に協力を依頼し，最終的に75品目の魚介類料理を抽出することができた（表3-1）[2]。これらの75品目それぞれの摂食頻度に関するアンケートを作成し（表3-2），調査を2015年11月から翌年3月にかけて佐賀県全域において計3回，のべ6日をかけて毎回6人ずつの学生の協力を得て実施した[3]。なお，佐賀県域では，いわゆる平成の大合併時に10市10町の計20市町となったが，分布展開を捉える上で，これでは大まか過ぎるので，合併前2005年当初時点での49市町村（図3-1）を対象に，世帯数の少ない町でも最低4件のアンケートを行うことなど，世帯数で割り振った後，地域的配分を勘案して補正した計365件のアンケート

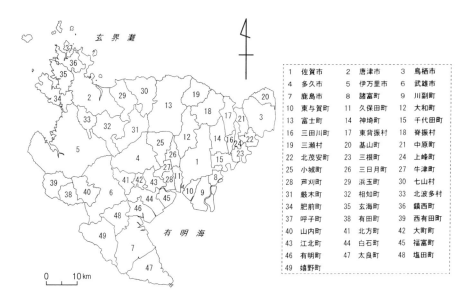

図3-1　2005年当時の佐賀県市町村分布

表3-1 佐賀県における伝統的魚介料理の地域属性

順位	料理名	得点[*1]	摂食市町村数[*2]	地域内摂食頻度[*3]	文献等出典[*4]	出典掲載地域（現在地名）
1	ヒジキ煮	205.8	49	4.20(1位)	②	伊万里市
2	サバのみそ煮	171.5	49	3.50(2位)	②	伊万里市
3	トコロテン	170.5	49	3.48(3位)	②	伊万里市
4	イリコの佃煮	152.9	49	3.12(4位)	④	上場台地
5	ウナギのかば焼き	119.4	48	2.49(5位)	①	有田町
6	めかぶのとろろ	110.2	46	2.40(6位)	①	鎮西町(唐津市)
7	アラカブのみそ汁	105.8	47	2.25(7位)	①	鎮西町(唐津市)
8	魚と野菜の煮しめ	103.5	47	2.20(8位)	②	伊万里市
9	ばらずし	102.3	47	2.18(10位)	①	鎮西町(唐津市)
10	イカのかけあえ(かけあい)	102.3	49	2.09(13位)	⑦	牛津町(小城市)
11	イカの塩辛	99.5	47	2.12(11位)	①，④	鎮西町(唐津市)，上場台地
12	混ぜご飯(いお飯)	96.8	44	2.20(8位)	①	鎮西町(唐津市)
13	魚入りダイコンなます	85.5	45	1.90(14位)	④	上場台地
14	クチゾコの煮付け	84.6	40	2.12(11位)	①	佐賀市
15	イワシの昆布巻き	84.2	46	1.83(16位)	②	伊万里市
16	吸いもの汁	82.0	44	1.86(15位)	①	鎮西町(唐津市)
17	タイの姿焼き	78.8	47	1.68(18位)	①	鎮西町(唐津市)
18	タイの南蛮漬け	77.7	45	1.73(17位)	②	伊万里市
19	ジャコ飯(ひば飯)	77.1	47	1.64(19位)	①，②	伊万里市，有田町
20	アジ・サバのかけあえ(かけあい)	68.0	42	1.62(20位)	②	伊万里市
21	サザエの壺焼き	66.8	45	1.48(22位)	⑦	玄海町
22	押しずし(押し出しずし)	64.7	45	1.44(23位)	①，⑦	鎮西町，肥前町(唐津市)
23	ハマグリの吸いもの	54.5	43	1.27(26位)	②	伊万里市
24	シャッパの塩ゆで，煮付け	54.3	38	1.43(24位)	①	諸富町(佐賀市)
25	ぐざのかまぼこ	51.6	34	1.52(21位)	①	太良町
26	イワシのかけあえ(かけあい)	50.3	49	1.03(36位)	①	有田町
27	アミ漬け	49.6	38	1.31(25位)	①	諸富町(佐賀市)
28	ぐれあえ	43.2	39	1.11(32位)	①	鎮西町(唐津市)
29	むしりダイ	42.4	36	1.18(28位)	⑦	相知町(唐津市)
30	アオサの佃煮	41.4	36	1.15(31位)	①	鎮西町(唐津市)
31	小アジ，ホリのせごし	37.0	32	1.16(30位)	①	鎮西町(唐津市)
32	カジメのみそ漬け・みそ汁	35.8	30	1.19(27位)	①	鎮西町(唐津市)
33	イワシのコロッケ	32.9	32	1.03(36位)	①	有田町
34	がん漬け	32.6	32	1.02(38位)	①	諸富町(佐賀市)
35	フナのこぐい(フナんこぐい)	30.2	28	1.08(33位)	①，③，⑦，⑧	佐賀市，鹿島市，三根町(みやき町)
36	湯かけクジラ	29.8	28	1.06(34位)	①	有田町
37	煮ふたちダイ	29.5	34	0.87(45位)	①	有田町
38	サザエの炊き込みご飯	29.4	29	1.01(41位)	⑦	玄海町
39	須古すし	27.2	27	1.01(41位)	⑤	白石町
40	イワシの塩辛	26.9	30	0.90(44位)	①	鎮西町(唐津市)
41	煮じゃー	25.5	25	1.02(38位)	⑦	塩田町(嬉野市)
42	エツの刺身，煮付け	24.5	29	0.85(47位)	①	諸富町(佐賀市)
43	イセエビのみそ汁	24.0	31	0.77(53位)	①	有田町
44	ガゼみそ	23.3	20	1.17(29位)	①，④	鎮西町(唐津市)，上場台地
45	赤ゴザのみそ汁	22.6	29	0.78(52位)	①	諸富町(佐賀市)

表3-1　つづき

順位	料理名	得点*1	摂食市町村数*2	地域内摂食頻度*3	文献等出典*4	出典掲載地域（現在地名）
46	ムツゴロウのかば焼き	21.5	21	1.02(38位)	①, ⑦	諸富町, 東与賀町(佐賀市)
47	だぶ	20.7	20	1.04(35位)	⑦	浜玉町(唐津市)
48	皮クジラとダイコンの煮付け	19.9	25	0.80(50位)	⑧	嬉野町(嬉野市)
49	サバの潮汁	19.0	22	0.86(46位)	②	伊万里市
50	ノビルとアサリの酢みそあえ	18.2	24	0.76(54位)	②	伊万里市
51	筍干盛	17.9	21	0.85(47位)	⑦	有田町
52	イカナゴご飯	16.9	23	0.74(56位)	①	太良町
53	ウミタケのかけあえ(かけあい)	16.8	26	0.65(67位)	①	諸富町(佐賀市)
54	揚げ・焼きワラスボ	15.8	23	0.69(63位)	⑦	川副町(佐賀市)
55	いりやき	14.5	20	0.73(57位)	①, ④	鎮西町(唐津市), 上場台地
56	クジラとタケノコの田楽	14.4	23	0.63(70位)	②	伊万里市
57	冷や汁	13.9	20	0.70(61位)	①	鎮西町(唐津市)
58	シロイオ汁	12.8	15	0.85(47位)	①	有田町
59	黒皮なます(ダイコンとクジラのなます)	12.1	13	0.93(43位)	①	鎮西町(唐津市)
60	アマダイのゴマあえ	11.7	17	0.69(63位)	①	有田町
61	ハエの油炒め	11.4	16	0.71(59位)	①	太良町
62	ヨガマタの佃煮	11.2	17	0.66(66位)	①	鎮西町(唐津市)
63	タラのわたの煮付け	10.2	16	0.64(69位)	⑥	鳥栖市
64	ハダラのぽんぽん焼き	10.2	13	0.79(51位)	⑨	諸富町(佐賀市)
65	ワラスボのみそ汁	8.8	12	0.73(57位)	①	川副町(佐賀市)
66	ビナのみそ汁	8.1	13	0.62(71位)	①	太良町
67	おとふせいも	7.8	12	0.65(67位)	①	太良町
68	ドジョウ汁, ドジョウの油炒め	7.6	11	0.69(63位)	①, ⑦	太良町, 脊振村(神埼市), 佐賀市
69	鹿の子クジラと青タカナの煮しめ	7.1	10	0.71(59位)	①	有田町
70	フナの刺身	6.9	12	0.58(73位)	①	有田町
71	クジラの炊き込みご飯	6.2	10	0.62(71位)	①	呼子町(唐津市)
72	メカジャーのから炒り	6.1	8	0.76(54位)	⑦	諸富町(佐賀市)
73	タニシの煮付け	3.0	7	0.43(74位)	①	脊振村(神埼市)
74	ムツゴロウのみそ汁	2.8	10	0.28(75位)	①, ⑦	諸富町, 東与賀町(佐賀市)
75	餅米入りウミタケ	2.1	3	0.70(61位)	⑦	有明町(白石町)

*1　得点：(「よく食べる」件数×3＋「時々食べる」×2＋「たまに食べる」×1)÷調査件数×100

*2　当該料理摂食者の存在する市町村数。

*3　＊1(得点)÷＊2(摂食市町村数)：実際に食されている地域における摂食頻度。

*4　①「日本の食生活全集 佐賀」編集委員会編(1991)：『日本の食生活全集41 聞き書 佐賀の食事』, 農山漁村文化協会, pp.1-355。
②伊万里市食生活改善推進協議会(2009)：『いまりの郷土料理』, 伊万里市食生活改善推進協議会, pp.1-72。
③鹿島市教育委員会(1986)：『ふるさとの味』, 鹿島市教育委員会, pp.1-16。
④佐賀農業産地づくり運動上場技術指導部(1990)：『うわばの味をあなたに』, 佐賀農業産地づくり運動上場技術指導部, pp.1-24。
⑤佐賀農業農村むらぐるみ発展運動武雄・杵島地区推進支部・経営技術指導部(1999)：『武雄・杵島のふるさと料理と手作り食品』, 佐賀農業農村むらぐるみ発展運動武雄・杵島地区推進支部・経営技術指導部, pp.1-61。
⑥鳥栖市食生活改善推進協議会(2005)：『鳥栖の郷土料理』, 鳥栖市食生活改善推進協議会。
⑦佐賀県栄養保健推進協議会(1984)：『佐賀の郷土料理』, 佐賀県栄養保健推進協議会, pp.1-77。
⑧佐賀県観光連盟(197-)：『ふるさとの味　佐賀県の郷土料理』佐賀県観光連盟, pp.1-16。

表3-2 伝統的魚介類食アンケート用紙(記入済み)

佐賀県の伝統的魚料理アンケート調査

旧市町村番号－調査対象者番号　36－3　　調査者：鈴木

旧市町村名・地域名：名護屋の浜中町　調査対象者　年齢 65 歳　性別 女性・男性　※女性 結婚前居住地＿＿＿

七背びれに毒がある魚(年たい間,)茶色

1. ムツゴロウのかば焼き
   ‥ムツゴロウに申をさし、素焼き後たれに浸して両面を焼く。　　　よく食べる ‥ 時々食べる ‥ たまに食べる ‥ 食べた
2. ムツゴロウのみそ汁
   ‥ムツゴロウをぶつ切りにし、から炒り後煮て味噌を解き入れる。　よく食べる ‥ 時々食べる ‥ たまに食べる ‥ 食べた
3. イカのかけあい(かけあい):湯通しイカを短冊に、すり煎りごま
   に砂糖酢醤油を加えキュウリ、ニンジンをなじませる。　　　　　よく食べる ‥ 時々食べる ‥ たまに食べる ‥ 食べた
4. イワシのかけあい(かけあい):イワシを処理後砂糖酢につけ、塩みょうが大根をあえる。　よく食べる ‥ 時々食べる ‥ たまに食べる ‥ 食べた
5. アジ・サバのかけあい(かけあい):魚の切り身をすり煎りごま、
   砂糖酢味噌でしめささがき大根をあえ、千切りショウガを上に盛る。　よく食べる ‥ 時々食べる ‥ たまに食べる ‥ 食べた
6. ウミタケのかけあい(かけあい):ウミタケを繰切りにする。
   ゆがいた小ネギを一緒に皿に盛って酢味噌を添える。　　　　　　よく食べる ‥ 時々食べる ‥ たまに食べる ‥ 食べた
7. 餅米入りウミタケ:洗って水に浸けた餅米をウミタケの腹に詰め、
   爪楊枝で止め、ミリン、醤油、砂糖で煮て煮切りにして盛りつける。　よく食べる ‥ 時々食べる ‥ たまに食べる ‥ 食べた
8. クチゾコの煮付け
   ‥クチゾコを処理後、醤油と酒を煮立ててさっと煮る。　　　　　よく食べる ‥ 時々食べる ‥ たまに食べる ‥ 食べた
9. シャコの塩ゆで・煮付け
   ‥シャッパ(シャコ)を塩ゆでか薄味の醤油で炊く。　　　　　　　よく食べる ‥ 時々食べる ‥ たまに食べる ‥ 食べた
10. エツの刺身、煮付け:エツを細切りにし、醤油をつけて食べたり
    かけあいに。また、骨切りをして醤油と砂糖を入れて煮る。　　　よく食べる ‥ 時々食べる ‥ たまに食べる ‥ 食べた
11. 赤ゴゼの味噌汁
    :鍋に処理した赤ゴゼを入れ、煮えたら火を弱め味噌を入れる。　　よく食べる ‥ 時々食べる ‥ たまに食べる ‥ 食べた
12. ハダラ(サッパ・シャッパ)のぽんぽん焼き
    ‥ハダラ(シャコ)を素焼きにして醤油につけて食べる。　　　　　よく食べる ‥ 時々食べる ‥ たまに食べる ‥ 食べた
13. がん漬:本がに(シオマネキ)をたたきつぶし、塩、刻みコショウ
    を入れ、かめに詰めて1か月程で内臓や肉が溶けて味がなじむ。　　よく食べる ‥ 時々食べる ‥ たまに食べる ‥ 食べた
14. アミ漬:アミ(オキアミ)を多めの塩を入れて漬ける。
    茶が汁、ご飯のおかず。　　　　　　　　　　　　　　　　　　　よく食べる ‥ 時々食べる ‥ たまに食べる ‥ 食べた
15. 須古すし:すし飯を箱に入れて押し、四角に切り目を入れ、
    上にムツゴロウの蒲焼きなどの具をのせて飾る。　　　　　　　　よく食べる ‥ 時々食べる ‥ たまに食べる ‥ 食べた
16. メカジャーのから炒り:メカジャー(ミドリ三角貝)を鍋で
    から炒りし、塩、ミリンで味をつけ、七味唐辛子をふる。　　　　よく食べる ‥ 時々食べる ‥ たまに食べる ‥ 食べた
17. 揚げ・焼きワラスボ:干しワラスボを適当に切り、油で揚げて
    いて適当に切り、つけ汁に浸けて食べる。　　　　　　　　　　　よく食べる ‥ 時々食べる ‥ たまに食べる ‥ 食べた
18. ワラスボの味噌汁:ワラスボをぶつ切りにし、内臓、身をから
    炒りした後、煮て味噌を入れる。　　　　　　　　　　　　　　　よく食べる ‥ 時々食べる ‥ たまに食べる ‥ 食べた
19. イカナゴご飯:米、イカナゴの煮干し、醤油、塩少々を釜に入れ、
    普通に炊き、おにぎり等にして食べる。　　　　　　　　　　　　よく食べる ‥ 時々食べる ‥ たまに食べる ‥ 食べた
20. おとふせいも:サツマイモを大釜に入れ、その上にオトフセ(カキ)
    を山盛りにのせ、水を�均一杯程加え、いもが煮える迄に炊く。　よく食べる ‥ 時々食べる ‥ たまに食べる ‥ 食べた
21. ぐざのかまぼこ
    ‥ぐざ(鯛魚)の天ぷら、(さつまあげ)　　　　　　　　　　　　　よく食べる ‥ 時々食べる ‥ たまに食べる ‥ 食べた
22. 煮じゃー:鶏骨出汁、かしわ、ブリ切り身、エビ、シイタケ、
    ゴボウ、サトイモ、ニンジンなどを煮て片栗粉でとろみをつける。　よく食べる ‥ 時々食べる ‥ たまに食べる ‥ 食べた
23. ばらずし:ブリなどの刺身を酢、砂糖、塩に漬け込み、酢飯を作る。
    魚身分を混ぜ込み、残りをすし飯に盛って紅ショウガやイトを飾る。　よく食べる ‥ 時々食べる ‥ たまに食べる ‥ 食べた
24. 押しずし(押し出しずし):酢飯を作って木型に詰め、上層めに
    刺身、サンショウの葉、生ショウガの薄切りをのせ、型で押す。　　よく食べる ‥ 時々食べる ‥ たまに食べる ‥ 食べた
25. 混ぜご飯(いお飯):小切りし甘辛く炊いたニンジン、コンニャク、
    ゴボウ、干し大根等を入れた煮付け魚をご飯に混ぜ込む。　　　　　よく食べる ‥ 時々食べる ‥ たまに食べる ‥ 食べた
26. 吸いもの汁:大鍋に大根、ジャガイモなど季節の野菜とイワシ
    を入れて醤油で味付けして炊く。(クイ.ブリ)　　　　　　　　　　よく食べる ‥ 時々食べる ‥ たまに食べる ‥ 食べた
27. くしあえ:ゆでた小イカと千切り大根、ゆでニンジンや白菜、
    生ワカメをすり鉢で味噌とゴマをすってあえる。　　　　　　　　よく食べる ‥ 時々食べる ‥ たまに食べる ‥ 食べた
28. アジ、ホリのせごし:処理をした小アジやホリ(ベラ)を
    皮つきのまま中骨ごと薄切りにし、酢醤油で食べる。　　　　　　よく食べる ‥ 時々食べる ‥ たまに食べる ‥ 食べた
29. アラカブの味噌汁:処理をしたアラカブを鍋に入れ、
    魚が煮えた頃味噌を加えて青ジソを散らす。　　　　　　　　　　よく食べる ‥ 時々食べる ‥ たまに食べる ‥ 食べた
30. ベライの姿焼き:浜焼きとも言う。海岸でこもだてして焚き火
    ‥し、塩をふったタイに串を刺し、火加減に注意しながら焼く。　　よく食べる ‥ 時々食べる ‥ たまに食べる ‥ 食べた
31. ガゼ味噌:ガゼ(ウニ)をゆでて中身を取り出し、味噌汁に
    すり鉢ですり込む。ご飯に添えたりするものにする。バフンウニ　　よく食べる ‥ 時々食べる ‥ たまに食べる ‥ 食べた
32. めかぶのとろろ:ワカメの茎株をゆで、包丁で細かくたたき酢醤油
    ‥　　　　　　　　　　　　　　　　　　　　　　　　　　　　　　よく食べる ‥ 時々食べる ‥ たまに食べる ‥ 食べた
33. ヨガマタのつくだ煮:黒色の海藻で、油少々で炒めた後柔らかく
    なる迄火で煮て醤油味をつけ、素麺にかけて食べる。　　　　　　よく食べる ‥ 時々食べる ‥ たまに食べる ‥ 食べた
34. アオサのつくだ煮:アオサを洗い、包丁でざっと切り、
    醤油と砂糖少々で味付けし、軟らかくなるまで煮る。　　　　　　よく食べる ‥ 時々食べる ‥ たまに食べる ‥ 食べた
35. 冷や汁:味噌をすり鉢で煮る、冷水で溶かし焼き魚身、
    焼きスルメ、輪切りキュウリを入れて混ぜ、素麺にかけて食べる。　よく食べる ‥ 時々食べる ‥ たまに食べる ‥ 食べた
36. イワシの塩辛:カタクチイワシに塩、トウガラシを混ぜてはサンショウ
    を混ぜて漬け込み、5日程で食べる。　　　　　　　　　　　　　　よく食べる ‥ 時々食べる ‥ たまに食べる ‥ 食べた
37. イカの塩辛:ガンセキイカ(スルメイカ)のわたを抜いて肉細長く
    し、きもをイカと混ぜ込み、塩とトウガラシを混ぜて漬け込む。　　よく食べる ‥ 時々食べる ‥ たまに食べる ‥ 食べた
38. カジメの味噌煮込み:カジメをゆで、細く切って煮る。茹みカジメを味噌汁に
    漬け込み、細かく切って食べる。茹みカジメを味噌汁に　　　　　　よく食べる ‥ 時々食べる ‥ たまに食べる ‥ 食べた

3.1 はじめに

表3-2 つづき

料理名・調理法				
39. 魚入り大根なます：繊切り大根、ニンジンと輪切りキュウリに塩をして絞り、細切れの生魚を入れ、酢、砂糖醤油で味をつける。	よく食べる	時々食べる	たまに食べる	昔食べた
40. イリコの佃煮：醤油、砂糖、酒を煮立てた中にイリコを入れ、ゴマ、七味を加えて煮詰める。	よく食べる	時々食べる	たまに食べる	昔食べた
41. だぶ：一口大の白身魚と小切りこんにゃく、揚げ豆腐などを鍋で煮、砂糖、醤油、酒、塩で味をつける。	よく食べる	時々食べる	たまに食べる	昔食べた
42. むじり鯛：姿煮の鯛、煮たサトイモなどを大皿に盛りつける。鯛は、むしって食べる。	よく食べる	時々食べる	たまに食べる	昔食べた
43. サザエの炊き込みご飯：…身を取り出して小切りにしたサザエをご飯で炊き込む。	よく食べる	時々食べる	たまに食べる	昔食べた
44. サザエの壺焼き：サザエを焼いて身を取り出し、醤油、味噌で味をつけてもう一度焼く。	よく食べる	時々食べる	たまに食べる	昔食べた
45. ジャコ飯（ひば飯）：米にイリコかチリメンジャコを入れ、醤油を加えて炊く。塩をした大根葉を加えるとひば飯になる。	よく食べる	時々食べる	たまに食べる	昔食べた
46. イワシのコロッケ：ゆでジャガイモと塩焼きイワシ、みじん切りタマネギを小判型に丸め、衣を付けて菜種油で揚げる。	よく食べる	時々食べる	たまに食べる	昔食べた
47. アマダイのゴマあえ：処理をしたアマダイの身をゴマ醤油で…で器に盛り、真ん中に卵黄を置き、これと混ぜながら食べる。	よく食べる	時々食べる	たまに食べる	昔食べた
48. 伊勢エビの味噌汁：鍋に油を熱した中で小切りにした伊勢エビを炒めれば、水を加えて煮る。麦味噌を入れて椀に盛る。	よく食べる	時々食べる	たまに食べる	昔食べた
49. 煮ふたち鯛：タイの姿煮。大鍋にコンブを敷き、味付けした汁でタイを形がくずれないようにそっと煮る。	よく食べる	時々食べる	たまに食べる	昔食べた
50. ノビルとアサリの酢味噌あえ：湯がいて適当に切ったノビルと湯がきアサリむき身をすりゴマに味噌、酢、砂糖を加えてあえる。	よく食べる	時々食べる	たまに食べる	昔食べた
51. ハマグリの吸い物：鍋に水と貝を入れてアクを取りつつ煮立て、完全に貝の口が開いたら塩を加えて味を調える。	よく食べる	時々食べる	たまに食べる	昔食べた
52. トコロテン：テングサと水を煮溶かし、木綿布でこして流…に入れ冷凍庫で冷やし固め、針で突いて突いて細醤油等で食べる。	よく食べる	時々食べる	たまに食べる	昔食べた
53. イワシの昆布巻き：昆布にイワシと拍子切りの大根、ニンジンを巻き、細切り昆布で結ぶ。鍋に水と味噌、昆布巻きを入れ煮立てる。	よく食べる	時々食べる	たまに食べる	昔食べた
54. 魚と野菜の煮しめ：サバの切り身を煮る。コンニャク、レンコンなどを煮、魚と一緒に皿に盛りつける。	よく食べる	時々食べる	たまに食べる	昔食べた
55. タイの南蛮漬け：タイに片栗粉をまぶして油で揚げ、千切りタマネギ、ニンジンを出汁に浸けて、タイも加えてゆでる。	よく食べる	時々食べる	たまに食べる	昔食べた
56. サバの潮汁：塩をした切り身サバと白菜や大根などの野菜を鍋で煮、薄切りショウガとユズ皮をのせる。	よく食べる	時々食べる	たまに食べる	昔食べた
57. ヒジキ煮：ヒジキを油で炒めて出汁を加え、ニンジン、ゆばコンニャク、薄揚げなどを加えて煮詰める。	よく食べる	時々食べる	たまに食べる	昔食べた
58. サバのみそ煮：鍋に水と酒、味噌、サバ身を入れてアクを取りながら煮込む。皿にサバ身、上に針ショウガを盛る。	よく食べる	時々食べる	たまに食べる	昔食べた
59. 菖干盛：端午の節句の祝い料理。タイや伊勢エビの汁でタケノコ、フキ、ゼンマイ、ウドなどを薄味で煮る。	よく食べる	時々食べる	たまに食べる	昔食べた
60. タラのわたの煮付け：水に浸けてもどしたタラのわた（タラおさ）を適当に切って水を切り、砂糖、ミリン、醤油で煮含める。	よく食べる	時々食べる	たまに食べる	昔食べた
61. ビナの味噌汁：ビナ（巻貝）を水に浸けてぬめりを取り、水、味噌で煮る。汁だけ先に飲み、ビナは後で身を取り出して食べる。	よく食べる	時々食べる	たまに食べる	昔食べた
62. いりやき：皮クジラと赤身を鍋でから炒り後水を加え、コンニャク、豆腐などに味付けして炊く。すき焼き風に砂糖をきかす。	よく食べる	時々食べる	たまに食べる	昔食べた
63. 黒皮なます（大根とクジラのなます）：千切り大根とニンジンを塩もみ後絞り、皮クジラと野菜を酢と砂糖少々であえ、醤油少々加える。	よく食べる	時々食べる	たまに食べる	昔食べた
64. クジラの炊き込み飯：クジラの赤身と皮にニンジン、ゴボウ、タケノコなどの野菜を加え、砂糖、醤油で味をつけて炊き込む。	よく食べる	時々食べる	たまに食べる	昔食べた
65. 湯かけクジラ：薄切りおばクジラを塩出しし、熱湯に入れた後ざるにあげて、水洗いして冷やし、甘味噌をかける。	よく食べる	時々食べる	たまに食べる	昔食べた
66. 庭の子クジラと青タカナの煮しめ：かのニクジラの薄切りを煮る。下ゆでした青タカナを入れ、ゆっくり煮てクジラの味を含ませる。	よく食べる	時々食べる	たまに食べる	昔食べた
67. クジラとタケノコの田楽：適当に切った煮タケノコの中に塩を落とした皮クジラを入れ、味噌を加えて煮、味を調える。	よく食べる	時々食べる	たまに食べる	昔食べた
68. 皮クジラと大根の煮付け：輪切り大根をゆで、結び昆布、皮クジラを鍋で煮、醤油、砂糖で味をつける。	よく食べる	時々食べる	たまに食べる	昔食べた
69. フナのこぐい（フナこぐい）：鍋にフナ（昆布で巻く時も）を並べ、ゆる火で炊く。味をすめ（古赤味噌）とめがたて調える。	よく食べる	時々食べる	たまに食べる	昔食べた
70. ドジョウ汁、ドジョウの油炒め：湯にドジョウ、水イモ、イモガラ、豆腐を入れ、味噌を溶かく。また、油炒めして醤油で味を付ける。	よく食べる	時々食べる	たまに食べる	昔食べた
71. フナの刺身：フナのうろこを取り、頭を落とし、しわうそを出して身を3枚におろして皮をむく、薄切りにして酢味噌で食べる。	よく食べる	時々食べる	たまに食べる	昔食べた
72. ウナギのかば焼き：炭をおこし、串を打ったウナギを素焼きにし、砂糖、酒、醤油を煮含めたたれを煮ながらかけ焼きしていく。	よく食べる	時々食べる	たまに食べる	昔食べた
73. シロイオ汁：コブ出汁が煮立ったらシロイオを入れ、塩、醤油で味付けし、春菊を加え、溶き卵を流して、あつあつを食べる。	よく食べる	時々食べる	たまに食べる	昔食べた
74. ハエの油炒め：川で捕ったハエ（ハヤ）は、頭とはらわたを取り洗って塩をし、油で揚げて、普通は、醤油をからめて食べる。	よく食べる	時々食べる	たまに食べる	昔食べた
75. タニシの煮付け：大鍋でゆがいて1つずつ針で身を出し、中身を砂糖と醤油で甘辛く煮付ける。	よく食べる	時々食べる	たまに食べる	昔食べた

※この他、ご存じのご当地自慢の魚介料理があればお教え下さい。

料理名 _____ 主材料 _____ 調理法 _____

料理名 _____ 主材料 _____ 調理法 _____

料理名 _____ 主材料 _____ 調理法 _____

ご協力、本当にありがとうございました。

調査を実施した。調査では，被調査者が地域的に偏らないように，あらかじめ地図上で調査地を決めて県内をくまなく回ることを心がけた。結果として，調査集落件数が224におよび，1集落で平均1.6件という調査対象者の分散が著しい調査となった。また，一般的に伝統食文化を保持していると考えられる70歳前後の女性をおもな対象者として設定した。結果として，調査対象者の平均年齢が72.6歳，女性の割合が73.2％と当初の目標を達成することができた（**表3-3**）。

アンケート調査で得られたデータをもとに，75品目それぞれの摂食頻度分

表3-3 アンケート調査対象の属性

	市町村名	調査件数	調査集落件数	調査対象者 女性の割合(%)	平均年齢		市町村名	調査件数	調査集落件数	調査対象者 女性の割合(%)	平均年齢
1	佐賀市	64	33	71.9	73.2	26	三日月町	4	4	100.0	77.0
2	唐津市	30	16	56.7	71.7	27	牛津町	4	3	50.0	74.3
3	鳥栖市	23	9	82.6	71.7	28	芦刈町	4	3	75.0	65.5
4	多久市	8	6	75.0	70.8	29	浜玉町	4	1	100.0	72.3
5	伊万里市	24	14	66.7	72.6	30	七山村	4	3	50.0	70.5
6	武雄市	12	4	83.3	73.7	31	厳木町	4	4	75.0	81.3
7	鹿島市	12	11	75.0	74.3	32	相知町	4	2	50.0	71.5
8	諸富町	5	3	100.0	74.0	33	北波多村	4	4	75.0	79.8
9	川副町	7	6	100.0	76.4	34	肥前町	4	3	25.0	75.0
10	東与賀町	5	3	80.0	63.6	35	玄海町	4	3	50.0	66.3
11	久保田町	4	4	100.0	75.5	36	鎮西町	4	2	100.0	70.5
12	大和町	8	5	100.0	77.8	37	呼子町	5	2	40.0	63.8
13	富士町	4	4	75.0	74.5	38	有田町	6	3	66.7	66.5
14	神埼町	7	5	85.7	73.0	39	西有田町	4	2	75.0	66.5
15	千代田町	4	2	100.0	68.5	40	山内町	4	1	50.0	64.8
16	三田川町	4	2	100.0	72.0	41	北方町	4	4	75.0	80.5
17	東脊振村	4	2	75.0	80.7	42	大町町	4	4	100.0	72.0
18	脊振村	4	2	75.0	69.8	43	江北町	5	3	60.0	80.8
19	三瀬村	4	3	75.0	68.3	44	白石町	5	4	80.0	77.4
20	基山町	5	3	80.0	79.0	45	福富町	4	1	100.0	64.0
21	中原町	4	1	100.0	72.5	46	有明町	4	3	75.0	80.0
22	北茂安町	4	3	75.0	69.5	47	太良町	4	2	75.0	75.8
23	三根町	4	3	50.0	73.8	48	塩田町	4	3	100.0	73.0
24	上峰町	4	4	50.0	77.3	49	嬉野町	7	5	57.1	66.7
25	小城町	7	7	85.7	70.1		県　計	365	224	73.2	72.6

布図を作成した。方法は，各品目についてチェックを入れてもらった「よく食べる」を3点，「時々食べる」を2点，「たまに食べる」を1点として，得られた総得点を調査件数で除した数値×100として市町村別の得点を出し，階級区分図化した。こうして得られた75枚の分布図の分析を行うことで，伝統的魚介類食の地域的分布パターンとそれらの特性について，以下で論究していく。

3.2 地域の概観

　佐賀県は，九州の北西部，長崎県と福岡県に挟まれた地に位置する。人口829,808，世帯数305,905（2016年10月現在の推計），面積2,440.7 km² と，人口・面積ともに九州最小の県である。

　地形的には，磯浜と砂浜が連続する北の玄界灘と日本一の潮位差から引き潮時に広大な干潟が出現する南の有明海に挟まれている。県土の北半から西部にかけて東から，福岡県境をなす1,000 m前後の脊振山系，500 mクラスの山々が続く筑紫山地，松浦地区の上場台地，杵島丘陵，長崎県境をなす多良岳山系が連なる。一方，南半は，長年にわたって拡大に努めてきた干拓地を含む九州でも有数の広大な平野が広がり，米と大麦の二毛作や湿地でのレンコン作が展開する佐賀平野，米とタマネギの二毛作が展開する白石平野がある。

　このように，性格の全くことなる2つの海域に南北で対峙し，内陸の田地にも縦横に張り巡らされたクリークという内水域が展開することで，当県の伝統的魚介食材は，北の外洋性回遊魚や磯浜魚介，南の干潟性の特徴的な魚介や養殖ノリ，クリークの淡水魚介など，他に例を見ないほど豊かで多様なものがあり，まさに伝統魚介類食の宝庫と称すべき地域である。

　歴史的にみると，戦国時代に肥前国を領有していたのは，九州でも有力な戦国大名であった龍造寺氏であった。近世に入ると，当地には，鍋島氏による佐賀藩（35.7万石）が成立した。一方，現在の県北の地には，唐津藩が成立した。当藩は，改易などもあって，寺沢氏，大久保氏，松平氏，土井氏，水野氏，小笠原氏と藩主の交替が続き，最後の小笠原氏の時代6万石の所領があった。

　一般的に佐賀県の県民性として，「葉隠れ精神」に代表されるような地道さが言われるが，藩主の交替が続いた唐津では華やかな町人文化が栄えるなど，佐

賀・唐津の住民性の違いは大きいと言われる。佐賀と唐津の間には住民性のみならず，経済上，あるいは文化の面でも壁が存在する。

3.3　佐賀県域における伝統的魚介類食の展開パターン

3.3.1　伝統的魚介類食の基本的性格

　地域文化としての魚介類食は，食材の供給と調理技術，そして消費需要があって初めて成立するものであり，いずれかひとつでも欠けた場合には成立しえない。佐賀県域におけるその展開をみると，食材に関しては元来は地産地消，すなわち，地元近隣で獲れた魚介類を材料とするものが広くみとめられる。ただし，地元で海産魚介類を産しない内陸山間地でも，かなり早い時期より，おもに塩干物を材料とした伝統食が存在しており，内陸で好まれてきたタラのわたの煮付けのように，遠く北海道から運ばれてくる食材を使う伝統食もあった。つまり，沿岸では鮮魚流通が，山間では塩干物流通システムが構築，維持されてきたのである。さらに，近年のトラック輸送による流通の迅速化と流通網の緻密化によって，従来鮮魚が入り得なかった内陸地域にも新たな流通網の整備が進められたことで，伝統的魚介類食地域が拡大，もしくは拡散，あるいは伝統食に代わる新たな食文化の浸透など大きな変化がみられるようになった。

　佐賀県は，先述のように地理的にコンパクトな県であり，さらに，熊本・大分県のように，たとえば地形的に個々の漁村を隔てるような障壁がほとんどみられないこともあって，地域個性的な魚介類食が分散的に存在するといった傾向は，先の熊本・大分両県の調査地ほどではない。しかしながら先述のとおり，食材が豊富かつ多様であることを基盤とした伝統的魚介類食の豊かさにおいて他に劣ることはない。そういった伝統的魚介類食が，どこでどのように好まれてきたのか，アンケート調査データの分析により導き出された，それらの分布パターンをみていこう。

3.3.2　伝統的魚介類食の地域的分布パターン

1）凡県域高摂食型

表3-1に示した摂食得点が100点超，なおかつ，摂食地域が最も少ないもの

3.3 佐賀県域における伝統的魚介類食の展開パターン

表 3-4　凡県域高摂食型魚介料理

得点順位	料理名	調理法・備考
1	ヒジキ煮	ヒジキを油で炒めて出汁を加え，ニンジン，ゆがきコンニャク，薄揚げなどを入れて酒，砂糖，醤油を加えて煮詰める。
2	サバの味噌煮	鍋に水と酒，味噌，サバ身を入れてアクを取りながら煮詰める。皿にサバ身，上に針ショウガを盛る。
3	トコロテン	干しテングサと水を煮溶かし，木綿布でこして流し箱に入れ冷蔵庫で冷やし固め，てん突きで突いて酢醤油で食べる。
4	イリコの佃煮	醤油，砂糖，酒を煮立てた中にイリコを入れ，ゴマ，七味を加えて煮詰める。
5	ウナギのかば焼き	炭をおこし，串を打ったウナギを素焼きにし，砂糖，酒，醤油を煮詰めたたれをつけながらかば焼きにしていく。
6	めかぶのとろろ	ワカメの芽株をゆで，包丁で刻んでたたき三杯酢で食べる。
7	アラカブの味噌汁	処理をしたアラカブを鍋に入れ，魚が煮えた頃味噌を加えて青ジソを散らす。
8	魚(サバ)と野菜の煮しめ	サバの切り身を煮る。コンニャク，レンコンなどを煮，魚と一緒に皿に盛りつける。
9	ばらずし	ブリ等の刺身を酢，砂糖，塩に漬け込む。酢飯を作る。魚半分を混ぜ込み，残りをすし皿に盛って紅ショウガやノリと飾る。
10	イカのかけあえ(かけあい)	湯通しイカを短冊に，すり煎りゴマに砂糖酢味噌を加えキュウリ，ニンジンをなじませる。

で49市町村のうち46市町村ということで，県内のほぼ全域で広く頻繁に食べられている魚介類料理10品目が含まれる(**表3-4**)。場所を問わず手に入れやすい食材を使い，全国的にみても広く食されているものが多い。調理法としては，煮るが6品目の他，焼く，あえる，生食，すしなどが含まれる。

　表3-4にあがっている10品目の採取地を注1)に示した文献(以下同様)でみると，このうちの9品目までが唐津・伊万里方面であり，わずかにイカのかけあえのみ有明海沿岸(牛津町)であった。本タイプの料理の食材として出てくるサバやイカは，玄界灘産のものが唐津・長崎市場から広く流入している。また，当地のウナギは，内水面でも有明海でも漁獲されるポピュラーな食材で

写真3-1　ヒジキ煮
料理は，中村靖代による。

58　第3章　佐賀県域における伝統的魚介類食の地域的展開

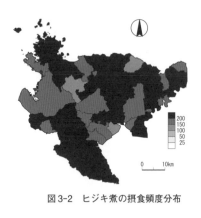

図3-2　ヒジキ煮の摂食頻度分布

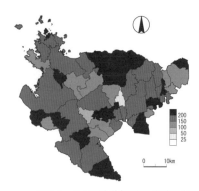

図3-3　サバの味噌煮の摂食頻度分布

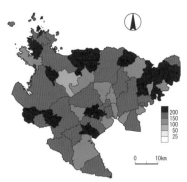

図3-4　トコロテンの摂食頻度分布

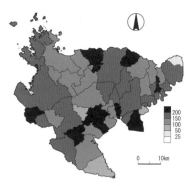

図3-5　イリコの佃煮の摂食頻度分布

あり，その他の魚介も，もともと地産で馴染みのある食材であることがわかる。

　本タイプの1番目は，摂食頻度得点が最高，つまり，最も頻繁に食べられている「ヒジキ煮」(**写真3-1**)である。全49市町村で食され，地域内摂食頻度，すなわち，実際に食されている地域における摂食頻度も当然1位である。佐賀県ではヒジキの主要産地として，松浦地区沿岸がよく知られているが，その周辺だけでなく，県のほとんどの地域での摂食頻度の高さが明らかである(**図3-2**)。

　2番目は，摂食頻度得点第2位の「サバのみそ煮」である。これも全49市町村で食され，地域内摂食頻度も2位である。サバも玄界灘で産するが，佐賀市方面にも広く長崎市場などから流入するため，全県的にポピュラーな料理と

3.3 佐賀県域における伝統的魚介類食の展開パターン　　　　　　59

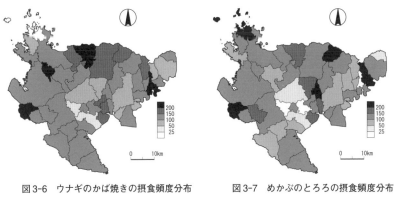

図3-6　ウナギのかば焼きの摂食頻度分布　　　図3-7　めかぶのとろろの摂食頻度分布

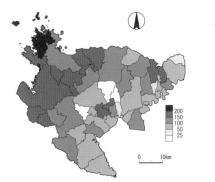 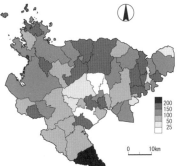

図3-8　アラカブの味噌汁の摂食頻度分布　　　図3-9　魚と野菜の煮しめの摂食頻度分布

なっている(図3-3)。

　3番目は，摂食頻度得点第3位の「トコロテン」である。全49市町村で食され，地域内摂食頻度も3位である(図3-4)。トコロテンは，もちろん全国的に広く食されるものである。現在では，市販品を購入することが多いと思われる。

　4番目は，摂食頻度得点第4位の「イリコの佃煮」である。全49市町村で食され，地域内摂食頻度も第4位である(図3-5)。

　5番目は，摂食頻度得点第5位の「ウナギの蒲焼き」である。48市町村で食され，地域内摂食頻度も5位である(図3-6)。現在は，店舗で購入するか，食することが多いと思われる。

　6番目は，摂食頻度得点第6位の「めかぶのとろろ」である。46市町村で食

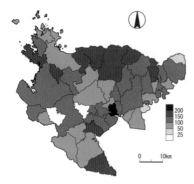
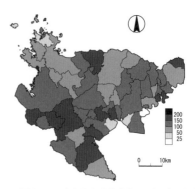

図3-10 ばらずしの摂食頻度分布　　図3-11 イカのかけあえ(かけあい)の摂食
　　　　　　　　　　　　　　　　　　　　　　頻度分布

され,地域内摂食頻度も6位である(**図3-7**)。

　7番目は,摂食頻度得点第7位の「アラカブのみそ汁」である。47市町村で食され,地域内摂食頻度も7位である(**図3-8**)。

　8番目は,摂食頻度得点第8位の「魚と野菜の煮しめ」である。47市町村で食され,地域内摂食頻度も8位である(**図3-9**)。

　9番目は,摂食頻度得点第9位の「ばらずし」である。47市町村で食され,地域内摂食頻度は10位である(**図3-10**)。

　10番目は,摂食頻度得点第10位の「イカのかけあえ(かけあい)」である。全49市町村で食されるが,地域内摂食頻度は13位と若干低くなっている(**図3-11**)。

　2) 凡県域中摂食型

　摂食頻度100点未満,なおかつ,摂食市町村数が最少のもので36ということで,これらも県内で広く知られ,摂食されているものであるが,1)に比べて摂食頻度がやや落ちる13品目が含まれる(**表3-5**)。調理法としては,煮るが4品目,あえる3,ご飯もの3,漬ける2,焼く1となっている。

　表3-5にあがっている13品目の採取地を文献でみると,全て唐津・伊万里方面であった。これらはつまり,もともと玄界灘沿岸で広く摂食されていたものが,全県域に広がった料理として捉えることができる。

　本タイプの1番目は,摂食頻度得点第11位の「イカの塩辛」である。47市町村で食され,地域内摂食頻度も11位である。イカの生産も玄界灘が主産地で

3.3 佐賀県域における伝統的魚介類食の展開パターン

表3-5 凡県域中摂食型魚介料理

得点順位	料理名	調理法・備考
11	イカの塩辛	ガンセキイカ(スルメイカ)のわたを抜いて細長く切る。きもをイカと混ぜ合わせ、塩とトウガラシを混ぜて漬け込む。
12	混ぜご飯(いお飯)	小切りし甘辛く炊いたニンジン、コンニャク、ゴボウ、干し大根等とほぐした煮付け魚をご飯に混ぜ込む。
13	魚入りダイコンなます	千切り大根、ニンジンと輪切りキュウリに塩をして絞り、細切れの生魚を入れ、酢、砂糖醤油で味をつける。
15	イワシの昆布巻き	昆布にイワシと拍子切り大根、ニンジンを巻き、細切り昆布で結ぶ。鍋に水と味噌、昆布巻きを入れ煮立てる。
16	吸いもの汁	大鍋に大根、ジャガイモなど季節の野菜とイワシを入れて醤油で味付けして炊く。
17	タイの姿焼き	浜焼きとも言う。海岸でこもだてして焚き火をする。塩をふったタイに串を刺し、火加減に注意しながら焼く。
18	タイの南蛮漬け	タイに片栗粉をまぶして油で揚げ、千切りタマネギ、ニンジンを出汁に浸け、タイも加えてゆでる。
19	ジャコ飯(ひば飯)	米にイリコかチリメンジャコを入れ、醤油を加えて炊く。塩をした大根葉を加えるとひば飯になる。
20	アジ・サバのかけあえ(かけあい)	魚の切り身をすり煎りゴマ、砂糖酢味噌でしめ、ささがき大根をあえ、千切りショウガを上に盛る。
22	押しずし(押し出しずし)	酢飯を作って木型に詰め、上飾りに刺身魚、サンショウの葉、生ショウガの薄切りをのせ、型で押す。
23	ハマグリの吸いもの	鍋に水と貝を入れてアクを取りつつ煮立て、完全に貝の口が開いたら塩を加えて味を調える。
26	イワシのかけあえ(かけあい)	イワシを処理後砂糖酢につけ、塩もみ大根をあえる。
29	むしりダイ	姿煮のタイ、煮たサトイモなどを大皿に盛りつける。タイは、むしって食べる。

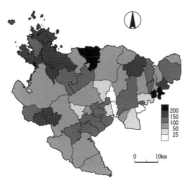

図3-12 イカの塩辛の摂食頻度分布

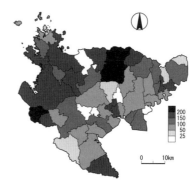

図3-13 混ぜご飯(いお飯)の摂食頻度分布

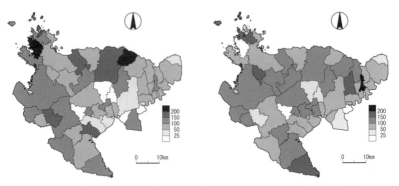

図3-14 魚入りダイコンなますの摂食頻度分布　　図3-15 イワシの昆布巻きの摂食頻度分布

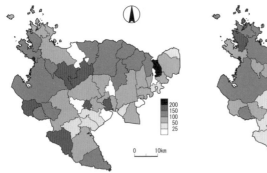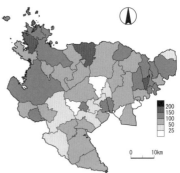

図3-16 吸いもの汁の摂食頻度分布　　　　図3-17 タイの姿焼きの摂食頻度分布

あるが，塩辛にすると保存がきくこともあって，県全域で広く摂食されていることがわかる（図3-12）。

2番目は，摂食頻度得点第12位の「混ぜご飯（いお飯）」である。44市町村で食され，地域内摂食頻度は8位と高くなっている（図3-13）。本料理は，元々ハレのご馳走とされるが，摂食地域では日常的に食べられていることがわかる。

3番目は，摂食頻度得点第13位の「魚入りダイコンなます」である。45市町村で食され，地域内摂食頻度は14位である（図3-14）。

4番目は，摂食頻度得点第15位の「イワシの昆布巻き」である。46市町村で食され，地域内摂食頻度は16位である。本品目は，ハレの縁起物として，全国的にもポピュラーな料理である。イワシも本県では玄界灘が主産地であるが，

3.3 佐賀県域における伝統的魚介類食の展開パターン   63

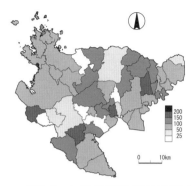

図3-18 タイの南蛮漬けの摂食頻度分布

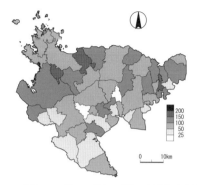

図3-19 ジャコ飯（ひば飯）の摂食頻度分布

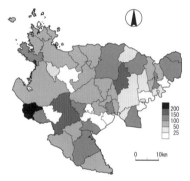

図3-20 アジ・サバのかけあえ（かけあい）の摂食頻度分布

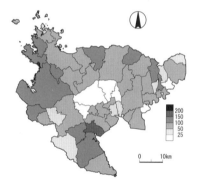

図3-21 押しずし（押し出しずし）の摂食頻度分布

県全域で広く食べられていることがわかる（図3-15）。

5番目は、摂食頻度得点第16位の「吸いもの汁」である。44市町村で食され、地域内摂食頻度は15位である（図3-16）。

6番目は、摂食頻度得点第17位の「タイの姿焼き」である。47市町村で食され、地域内摂食頻度は18位である（図3-17）。浜焼きとも言い、祝いの日の中心的ごちそうである。

7番目は、摂食頻度得点第18位の「タイの南蛮漬け」である。45市町村で食され、地域内摂食頻度は17位である（図3-18）。

8番目は、摂食頻度得点第19位の「ジャコ飯（ひば飯）」である。47市町村で

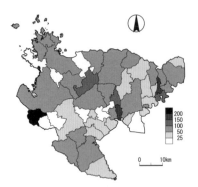
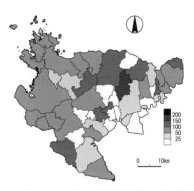

図3-22 ハマグリの吸いものの摂食頻度分布

図3-23 イワシのかけあえ(かけあい)の摂食頻度分布

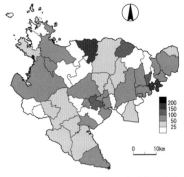

図3-24 むしりダイの摂食頻度分布

食され、地域内摂食頻度も19位である(図3-19)。

9番目は、摂食頻度得点第20位の「アジ・サバのかけあえ(かけあい)」である。42市町村で食され、地域内摂食頻度も第20位である(図3-20)。

10番目は、摂食頻度得点第22位の「押しずし(押し出しずし)」である。45市町村で食され、地域内摂食頻度は第23位である(図3-21)。冠婚葬祭や花見、芝居見物に持って行くご馳走である。

11番目は、摂食頻度得点第23位の「ハマグリの吸いもの」である。43市町村で食されるが、地域内摂食頻度は26位とやや低くなっている(図3-22)。

12番目は、摂食頻度得点第26位の「イワシのかけあえ(かけあい)」である。全49市町村で食されているが、地域内摂食頻度が36位と極端に低く、食べる機会が少なくなった料理である(図3-23)。

13番目は、摂食頻度得点第29位の「むしりダイ」である。36市町村で食され、地域内摂食頻度は28位である(図3-24)。

3) 沿岸広域摂食型

北部玄界灘沿岸と南部有明海沿岸の双方で，摂食がみとめられる料理である。両海の水域環境や漁獲魚種が大きく違っているために，このタイプに含まれる料理は7品目と比較的少ない。摂食得点上では中位から下位に位置し，頻繁に食べられるものから滅多に食べられないものまで多様である（**表3-6**）。調理法としては，煮るが4品目，あえるが2品目，揚げる1品目が含まれる。

表3-6にあがっている7品目の採取地を文献でみると，有明海沿岸が2（ぐざのかまぼこ，赤ゴゼの味噌汁），唐津・伊万里方面が5となっている。雑魚やアサリ，イカ，赤ゴゼは，沿岸で手に入りやすい食材であるし，タイ，アマダイ，イセエビといった高級魚介は，おもに両沿岸の都市地域を中心に，ハレ食として摂食されてきた。

本タイプの1番目は，摂食頻度得点第25位の「ぐざのかまぼこ」，すなわち，ぐざ（雑魚）の天ぷら（さつまあげ）である。34市町村で食され，地域内摂食頻度は21位である。摂食地域がかなり狭いが，地域内ではよく食べられていることがわかる。本品目は，食材が両海域で漁獲されるために，両沿岸を中心に摂食がみとめられる（**図3-25**）。

2番目は，摂食頻度得点第28位の「ぐれあえ」である。39市町村で食される

表3-6 沿岸広域摂食型魚介料理

得点順位	料 理 名	調 理 法 ・ 備 考
25	ぐざのかまぼこ	ぐざ（雑魚）を骨ごと包丁のみねの方でたたき，塩と小麦粉を入れてすり鉢でする。これを平たく丸めて油で揚げる。
28	ぐれあえ	ゆでた小イカと千切り大根，ゆでニンジンや白菜，生ワカメをすり鉢で味噌とゴマをすってあえる。
37	煮ふたちダイ	タイの姿煮。大鍋にコンブを敷き，味付けした汁にタイを形がくずれないようにそっと入れて煮る。
43	イセエビの味噌汁	鍋に油を熱した中で切り分けたイセエビを炒めあげ，水を加えて煮る。麦味噌を入れて椀に盛る。
45	赤ゴゼの味噌汁	鍋に内臓とウロコを取りぶつ切りにした赤ゴゼを入れ，煮えたら火を弱め味噌を入れる。
50	ノビルとアサリの酢味噌あえ	湯がいて適当に切ったノビルと湯がきアサリむき身をすりゴマに味噌，酢，砂糖を加えてあえる。
60	アマダイのゴマあえ	うろこを取り，3枚におろして皮をはぎ，薄切りにしたアマダイの身をゴマ醤油であえて器に盛り，真ん中に卵黄を置き，これと混ぜながら食べる。

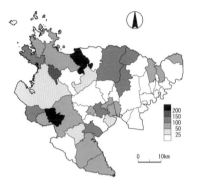

図3-25 ぐざのかまぼこの摂食頻度分布

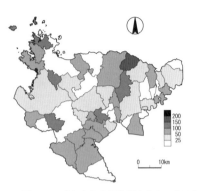

図3-26 ぐれあえの摂食頻度分布いることがわかる。

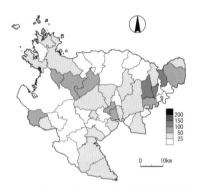

図3-27 煮ふたちダイの摂食頻度分布

図3-28 イセエビの味噌汁の摂食頻度分布

図3-29 赤ゴゼの味噌汁の摂食頻度分布

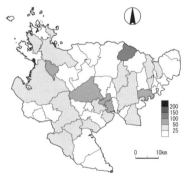

図3-30 ノビルとアサリの酢味噌あえの摂食頻度分布

図3-31 アマダイのゴマあえの摂食頻度分布

が,地域内摂食頻度は32位とやや低くなっている(図3-26)。

3番目は,摂食頻度得点第37位の「煮ふたちダイ」,すなわち,タイの姿煮である。34市町村で食され,地域内摂食頻度は45位と低く,ハレの祝い料理であることがわかる(図3-27)。

4番目は,摂食頻度得点第43位の「イセエビの味噌汁」である。31市町村で食され,地域内摂食頻度は53位と,滅多に食べられていないことがわかる(図3-28)。

5番目は,摂食頻度得点第45位の「赤ゴゼの味噌汁」である。29市町村で食され,地域内摂食頻度は第52位と低い冬季に好まれる季節料理である。赤ゴゼ(オコゼ)も,有明海,玄界灘双方で漁獲されることもあって両岸を中心に摂食がみられる(図3-29)。特に冬場に,体を温める汁物として好まれてきた。

6番目は,摂食頻度得点第50位の「ノビルとアサリの酢味噌あえ」である。24市町村で食され,地域内摂食頻度は第54位である(図3-30)。

7番目は,摂食頻度得点第60位の「アマダイのゴマあえ」である。17市町村で食され,地域内摂食頻度は63位である(図3-31)。

4) 玄界灘沿岸域摂食型

玄界灘で漁獲される外洋性回遊魚と磯場で獲れる地着きの魚介類を材料とする料理である。当地域の伝統的郷土料理11品目が含まれる。摂食得点上では中位から下位に位置し,頻繁に食べられるもの,かつては頻繁に食べられていたが,食材の入手難から摂食が減ってきたもの(クジラ料理など),ハレの料理の定番とされるものなどがある(表3-7)。調理法としては,煮るが7品目,焼くが2品目の他,漬ける,あえる,ご飯もの,生食がある。

表3-7にあがっている11品目の採取地を文献でみると,内陸の嬉野町で採取された皮クジラとダイコンの煮付け以外は,全て玄界灘沿岸地域となっている。かつて,東松浦北端の呼子は,クジラ漁およびクジラ肉流通の一大拠点で

表3-7　玄界灘沿岸域摂食型魚介料理

得点順位	料理名	調理法・備考
21	サザエの壺焼き	サザエを焼いて身を取り出し、酒、醤油、味噌で味をつけてもう一度焼く。
30	アオサの佃煮	アオサを洗い、包丁でざっと刻んでから鍋に入れ、醤油と砂糖少々で味付けし、軟らかくなるまで煮る。
31	小アジ、ホリのせごし	頭、はらわた、背びれ、胸びれを除いた小アジやホリ（ベラ）を皮つきのまま中骨ごと薄切りにし、酢ぬた、酢醤油で食べる。
32	カジメの味噌漬け・味噌汁	ゆがきカジメを端からくるくる巻いて味噌に漬け込み、細かく切って食べる。また、刻んで味噌汁の具にする。
36	湯かけクジラ	薄切りおばクジラを塩出しし、熱湯に入れた後ざるにあげる。水洗いして冷やし、甘味噌をかける。
38	サザエの炊き込みご飯	身を取り出して小切りにしたサザエをご飯で炊き込む。
44	ガゼ味噌	ガゼ（ウニ）をゆでて中身を取り出し、味噌を加えてすり鉢ですり込む。ご飯に添えたりあえものにする。
48	皮クジラとダイコンの煮付け	輪切り大根をゆで、結び昆布、皮クジラを鍋で煮、醤油、砂糖で味をつける。
55	いりやき	皮クジラと赤身を鍋でから炒り後水を加え、コンニャクや大根、豆腐などに味付けして炊く。すき焼き風に砂糖をきかす。
58	シロイオ汁	昆布出汁が煮立ったらシロイオを入れ、塩、醤油で味付けする。春菊を加え、溶き卵を流して、あつあつを食べる。
59	黒皮なます（ダイコンとクジラのなます）	千切り大根とニンジンを塩もみ後絞り、皮クジラと野菜を酢と砂糖少々であえ、醤油を落とす。

あった。その名残で玄界灘沿岸から内陸にかけての地域には、表中4つものクジラ食がみとめられる。これを含め、全ての食材が、基本的に地産のものであることがわかる。

　本タイプの1番目は、摂食頻度得点第21位の「サザエの壺焼き」である。45市町村で食され、地域内摂食頻度は22位である（**図3-32**）。

　2番目は、摂食頻度得点第30位の「アオサの佃煮」である。36市町村で食され、地域内摂食頻度は31位である（**図3-33**）。

　3番目は、摂食頻度得点第31位の「小アジ、ホリのせごし」である。小アジもホリ（ベラ）もおもに玄界灘で漁獲される。32市町村で食され、地域内摂食頻度は30位である（**図3-34**）。酒の肴としておいしい。

　4番目は、摂食頻度得点第32位の「カジメの味噌漬け・味噌汁」である。30市町村で食され、地域内摂食頻度は27位ということで、摂食地域はかなり狭

3.3 佐賀県域における伝統的魚介類食の展開パターン　　　　　　　69

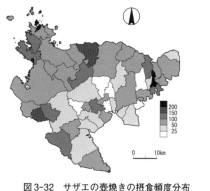

図3-32　サザエの壺焼きの摂食頻度分布

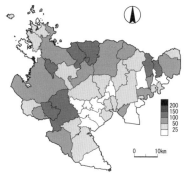

図3-33　アオサの佃煮の摂食頻度分布

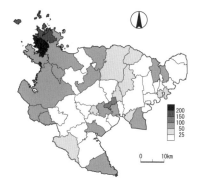

図3-34　小アジ，ホリのせごしの摂食頻度分布

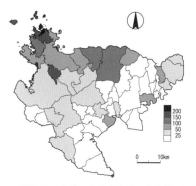

図3-35　カジメの味噌漬け・味噌汁の摂食頻度分布

いが，地域内ではよく食べられていることがわかる（**図3-35**）。ゆがいたカジメを端からくるくる巻いて味噌に漬け込んでおくと，1年でも食べられる。

　5番目は，摂食頻度得点第36位の「湯かけクジラ」である。28市町村で食され，地域内摂食頻度は34位である（**図3-36**）。

　6番目は，摂食頻度得点第38位の「サザエの炊き込みご飯」である。29市町村で食され，地域内摂食頻度は41位である（**図3-37**）。

　7番目は，摂食頻度得点第44位の「ガゼ味噌」である。20市町村で食され，地域内摂食頻度は29位と，摂食地域は狭いが，域内ではよく食べられていることがわかる（**図3-38**）。

　8番目は，摂食頻度得点第48位の「皮クジラとダイコンの煮付け」である。

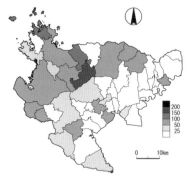

図3-36　湯かけクジラの摂食頻度分布

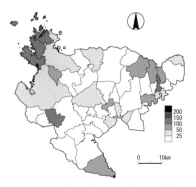

図3-37　サザエの炊き込みご飯の摂食頻度分布

図3-38　ガゼ味噌の摂食頻度分布

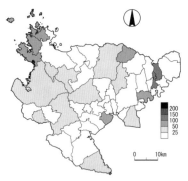

図3-39　皮クジラとダイコンの煮付けの摂食頻度分布

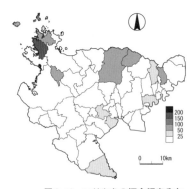

図3-40　いりやきの摂食頻度分布

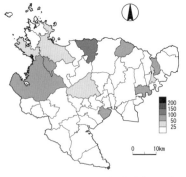

図3-41　シロイオ汁の摂食頻度分布

25市町村で食され,地域内摂食頻度は50位である(**図3-39**)。

9番目は,摂食頻度得点第55位の「いりやき」である。20市町村で食され,地域内摂食頻度は57位である(**図3-40**)。

10番目は,摂食頻度得点第58位の「シロイオ汁」である。15市町村で食され,地域内摂食頻度は47位と,摂食地域内では,よく食べられている(**図3-41**)。

図3-42 黒皮なます(ダイコンとクジラのなます)の摂食頻度分布

11番目は,摂食頻度得点第59位の「黒皮なます(ダイコンとクジラのなます)」である。13市町村で食され,地域内摂食頻度は43位と,摂食地域内ではかなりよく食べられている(**図3-42**)。ダイコンの白,ニンジンの赤,皮クジラの黒の彩りが美しいハレ食である。

5) 有明海沿岸・佐賀平野域摂食型

有明海の干潟・浅海性魚介類と連続する佐賀平野域のクリークで獲れる淡水魚介類を食材とする個性豊かな料理14品目が含まれる。摂食得点上では,上位から下位まで多様であり,頻繁に食べられているもの,食材の生産減で摂食が少なくなってきたものもある(**表3-8**)。調理法としては,煮るが7品目,焼く3品目,漬ける2品目の他,あえる,揚げる,すし,生食がある。

表3-8にあがっている14品目の採取地を文献でみると,こちらも伊万里市で採取されたクジラとタケノコの田楽以外は,全て地産,すなわち,有明海もしくは内陸淡水性のものである。先述のように,かつてクジラ食は,玄界灘沿岸から県内全体へと広がったものが,縁辺部に残っていることが理解される。

本タイプの1番目は,摂食頻度得点第14位の「クチゾコの煮付け」(**写真3-2**)である。40市町村で食され,地域内摂食頻度は11位ということで摂食地域内でよく食べられる料理である。当料理は,佐賀県でも最もポピュラーな郷土料理として,よく知られる。クチゾコ(アカシタビラメ)は,有明海の特産魚であり,その煮付けの摂食も有明海沿岸を中心に展開していることがわかる

表 3-8　有明海沿岸・佐賀平野域摂食型魚介料理

得点順位	料理名	調理法・備考
14	クチゾコの煮付け	クチゾコのえらとはらわた、うろこを取り、大きいものはぶつ切りにする。醤油と酒を煮立てた中に先のクチゾコを入れ、さっと煮る。
24	シャッパの塩ゆで、煮付け	水洗いしたシャッパ(シャコ)を塩ゆでか薄味の醤油で炊く。
27	アミ漬け	アミ(オキアミ)を多めの塩を入れて漬ける。茶がゆ、ご飯のおかず。
34	がん漬け	本ガニ(シオマネキ)をたたきつぶし、塩、刻みコショウを入れ、かめに詰めて1か月程で内臓や肉が溶けて味がなじむ。
35	フナのこぐい(フナんこぐい)	鍋にフナ(昆布で巻く時も)を並べ、ゆる火で炊く。味をすめ(古赤味噌)とあめがたで調える。
39	須古すし	すし飯を箱に入れて押し、四角に切り目を入れ、上にムツゴロウの蒲焼きなどの具をのせて飾る。
41	煮じゃー	鶏骨出汁、かしわ、ブリ切り身、エビ、シイタケ、ゴボウ、サトイモ、ニンジンなどを煮て片栗粉でとろみをつける。
42	エツの刺身、煮付け	エツを細切りにし、醤油をつけて食べたりかけあいに、また、骨切りをして醤油と砂糖を入れて煮る。
46	ムツゴロウのかば焼き	ムツゴロウに串をさし、素焼き後たれに浸して両面を焼く。
53	ウミタケのかけあえ(かけあい)	ウミタケを千切りにする。ゆがいた小ネギを一緒に皿に盛って酢味噌を添える。
54	揚げ・焼きワラスボ	干しワラスボを適当に切り、油で揚げたり焼いて適当に切り、つけ汁に浸けて食べる。
56	クジラとタケノコの田楽	適当に切った煮タケノコの中に塩を落とした塩クジラを入れ、味噌、酒を加えて煮、砂糖で味を調える。
64	ハダラのぽんぽん焼き	ハダラ(ママカリ)を素焼きにして醤油につけて食べる。
65	ワラスボの味噌汁	ワラスボをぶつ切りにし、内臓、身をから炒りした後、煮て味噌を溶き入れる。

写真 3-2　クチゾコの煮付け
写真提供：佐賀県農林水産部農政企画課。

(図3-43)。

本タイプの2番目は、摂食頻度得点第24位の「シャッパの塩ゆで、煮付け」(写真3-3)である。38市町村で食され、地域内摂食頻度も24位である(図3-44)。シャッパ(シャコ)も有明海で生産されるが、摂食がかなり広域にわたることが理解される。

3番目は、摂食頻度得点第27

3.3 佐賀県域における伝統的魚介類食の展開パターン

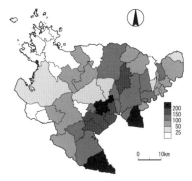

図3-43 クチゾコの煮付けの摂食頻度分布

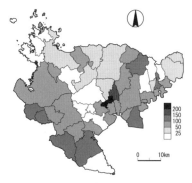

図3-44 シャッパの塩ゆで, 煮付けの摂食頻度分布

位の「アミ漬け」である。38市町村で食され, 地域内摂食頻度は25位である(図3-45)。

4番目は, 摂食頻度得点第34位の「がん漬け」である。32市町村で食され, 地域内摂食頻度は38位と, あまり食べられなくなってきた料理と言えよう(図3-46)。本ガニ(シオマネキ)を潰して発酵させる, これも有明海独特の料理である。

写真3-3 シャッパの塩ゆで
写真提供:佐賀県農林水産部農政企画課。

5番目は, 摂食頻度得点が第35位の「フナのこぐい(フナんこぐい)」である。

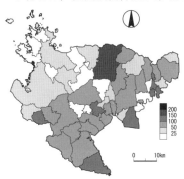

図3-45 アミ漬けの摂食頻度分布

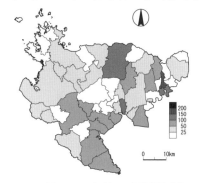

図3-46 がん漬けの摂食頻度分布

28市町村で食され，地域内摂食頻度は33位である(図3-47)。フナは，かつて稲刈り後の「堀干し」(水路さらえ)時に捕獲され，冬の重要なタンパク源となってきた。現在も，その名残で佐賀平野一円にその摂食がみとめられる。かつては，在来のマブナが食材として使われてきたが，1933(昭和8)年に琵琶湖から体長40cmにもなるヘラブナ(ゲンゴロウブナ)が放流されて爆発的に増えた。[8]

6番目は，摂食頻度得点第39位の「須古すし」である。27市町村で食され，地域内摂食頻度は41位である(図3-48)。須古は，現杵島郡白石町にある中世以来須古鍋島家が治めた地であり，当地の名物として個人宅でも作るし，製造販売する店もある。

7番目は，摂食頻度得点第41位の「煮じゃー」である。25市町村で食され，地域内摂食頻度は38位であり，県の南部平野部を中心に摂食地域の展開が見られる(図3-49)。

8番目は，摂食頻度得点第42位の「エツの刺身，煮付け」(写真3-4)である。29市町村で食され，地域内摂食頻度は47位であり，日常的に食べるものではない季節料理であることがわかる(図3-50)。本料理は一般には，筑後川下流を遡上してくるエツを食材とする夏

写真3-4　エツの刺身
写真提供：佐賀県農林水産部農政企画課。

図3-47　フナのこぐい(フナんこぐい)の摂食頻度分布

図3-48　須古すしの摂食頻度分布

3.3 佐賀県域における伝統的魚介類食の展開パターン

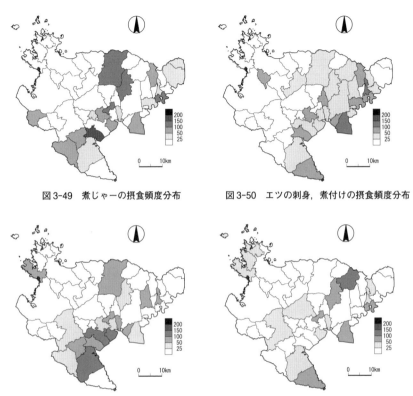

図 3-49 煮じゃーの摂食頻度分布

図 3-50 エツの刺身，煮付けの摂食頻度分布

図 3-51 ムツゴロウのかば焼きの摂食頻度分布

図 3-52 ウミタケのかけあえ（かけあい）の摂食頻度分布

の味覚として知られる。

9番目は，摂食頻度得点第46位の「ムツゴロウのかば焼き」である。21市町村で食され，地域内摂食頻度は38位と，摂食地域内でよく食べられている。食材産地である有明海中西部の沿岸を中心に摂食地域がみとめられる（図3-51）。

10番目は，摂食頻度得点第53位の「ウミタケのかけあえ（かけあい）」である。ウミタケは，有明の潟に生息する二枚貝で，殻から大きくはみ出した巨大な水管に特徴がある。有明海沿岸から佐賀平野にかけての26市町村で食され，地域内摂食頻度が67位と極端に低くなっており，食材の生産減に伴う入手難から摂食機会の減少が理解される（図3-52）。

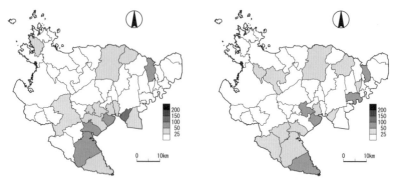

図3-53 揚げ・焼きワラスボの摂食頻度分布　　図3-54 クジラとタケノコの田楽の摂食頻度分布

　11番目は，摂食頻度得点第54位の「揚げ・焼きワラスボ」である。ワラスボは，ヘビのような体形の有明の潟を往来する魚である。有明海沿岸から佐賀平野にかけての23市町村で食されるが，地域内摂食頻度は63位と低く，これも食材の生産減に伴う入手難から摂食機会が減った料理である(図3-53)。

　12番目は，摂食頻度得点第56位の「クジラとタケノコの田楽」である。佐賀平野を中心とする23市町村で食されるが，地域内摂食頻度は70位と極端に低く，滅多に食べられない料理となっている(図3-54)。

　13番目は，摂食頻度得点第64位の「ハダラのぽんぽん焼き」である。ハダラは，岡山県ではママカリと称される。佐賀平野に点在する13市町村で食され，地域内摂食頻度は51位であり，摂食地域は狭いものの，地域内ではよく食べられていることがわかる(図3-55)。

　14番目は，摂食頻度得点第65位の「ワラスボの味噌汁」である。有明海沿岸に点在する12市町村で食され，地域内摂食頻度は57位と，地域内ではよく食べられている(図3-56)。

6）内陸・山間地域摂食型

　淡水魚介，あるいは干物を食材とし，内陸・山間地に展開する料理が含まれる。摂食得点上では，中位から下位に位置して頻繁に食べられる料理ではなく，場所柄，品数も5品目と少ない。しかし，それらの料理の重要性が低いというわけではなく，むしろ，内陸・山間地域で滅多に食べることができないごちそうであり，貴重なタンパク源ともなっている(表3-9)。調理法としては，煮る

3.3 佐賀県域における伝統的魚介類食の展開パターン

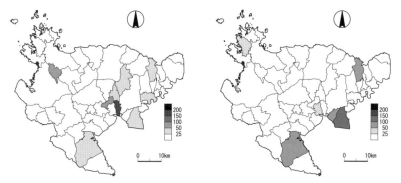

図3-55 ハダラのぽんぽん焼きの摂食頻度分布　　図3-56 ワラスボの味噌汁の摂食頻度分布

表3-9 内陸・山間地域摂食型魚介料理

得点順位	料理名	調理法・備考
47	だぶ	一口大の白身魚と小切りこんにゃく，揚げ豆腐などを鍋で煮，砂糖，醤油，酒，塩で味をつける。
61	ハエの油炒め	川で捕ったハエ（ハヤ）は，頭とはらわたを取り洗って塩をし，油で揚げる。普通は，醤油をつけて食べる。
63	タラのわたの煮付け	水に浸けてもどしたタラのわた（タラおさ）を適当に切って水煮し，砂糖，ミリン，醤油で味をつける。
68	ドジョウ汁，ドジョウの油炒め	湯にドジョウ，水イモ，イモガラ，豆腐を入れ，味噌を溶く。また，油炒めして醤油で味を付ける。
70	フナの刺身	フナのうろこを取り，頭を落とし，はらわたを出して身を3枚におろして皮をむく。薄切りにして酢味噌で食べる。

が2品目，炒めるが2品目，生食が1品目となっている。

　表3-9にあがっている5品目の採取地を文献でみると，沿岸の浜玉町のだぶと太良町のハエの油炒め以外は，内陸山間地に展開する地産の淡水性魚介もしくは塩干物を食材としていることがわかる。

　本タイプの1番目は，摂食頻度得点第47位の「だぶ」である。20市町村で食され，地域内摂食頻度は35位と摂食地域内でよく食べられている。本料理は，白身魚の切り身の入った祝いの汁物である。祝い料理ということで，頻繁に食べられるものではないが，今日でも七山村など，内陸・山間地を中心に摂食がみとめられる（**図3-57**）。

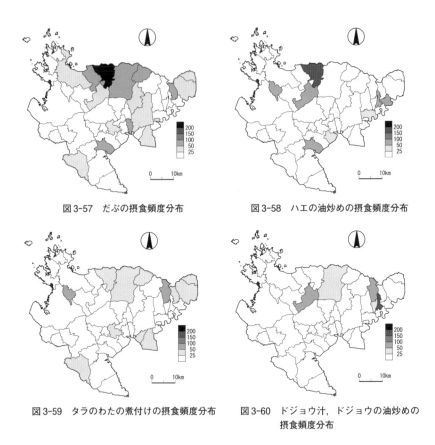

図3-57 だぶの摂食頻度分布　　図3-58 ハエの油炒めの摂食頻度分布

図3-59 タラのわたの煮付けの摂食頻度分布　　図3-60 ドジョウ汁，ドジョウの油炒めの摂食頻度分布

　2番目は，摂食頻度得点第61位の「ハエの油炒め」である。16市町村で食され，地域内摂食頻度は59位である(図3-58)。

　3番目は，摂食頻度得点第63位の「タラのわたの煮付け」である。16市町村で食され，地域内摂食頻度は69位であり，季節料理の特徴を示している。北海道で漁獲され，搬送されてくるマダラ身の干物(棒ダラ)の煮付けは，九州では，九州山地一円で，盆の料理の定番となっている。一方，マダラのエラと胃の干物の煮付けも，盆の料理として，北部九州の日田から筑後川中流までと佐賀県東部の山間地域を中心に，その摂食展開がみられるきわめて地域限定的な伝統食である(図3-59)。

　4番目は，摂食頻度得点第67位の「ドジョウ汁，ドジョウの油炒め」である。

図3-61 フナの刺身の摂食頻度分布

12市町村で食され，地域内摂食頻度は67位である。図3-60より，県東～中部内陸山間地で食べられていることがわかる。

5番目は，摂食頻度得点第70位の「フナの刺身」である。12市町村で食され，地域内摂食頻度は73位と，滅多に食べることがなくなった料理であるが，水の入れ替えのための堀干しの時に捕れるフナを刺身にする冬から春のごちそうである(図3-61)。

7) その他の地域摂食型

本タイプには，摂食分布に地域的な特徴がみとめられない料理12品目が含まれる。摂食得点で下位のものが多く，もともと摂食機会の少ないハレの料理(旬干盛)や，食材の入手難から近年特に摂食が減り，際だった摂食分布もみとめられなくなったものが多い(表3-10)。調理法としては，煮るが6品目，ご飯ものが2品目の他，漬ける，揚げる，炊く，炒るがある。

表3-10にあがっている12品目の採取地を文献でみると，玄界灘沿岸が8，有明海沿岸が4となっている。摂食得点が低いために，図化すると空白地域(非摂食地域)が目立ち，多くが県の縁辺部にのみ残っている料理といえる。

本タイプの1番目は，摂食頻度得点第33位の「イワシのコロッケ」である。32市町村で食され，地域内摂食頻度は36位である。唐津，長崎，福岡市場など多方面から食材が流入して広域での摂食がみられる本料理であるが，県の中央部と末端部に空白，つまり非摂食地域がみられる(図3-62)。

2番目は，摂食頻度得点第40位の「イワシの塩辛」である。本品目は，保存がきくこともあって，沿岸から内陸・山間地にまでの30市町村で摂食がみられるものの，空白地域も広く，展開に規則性がみとめられない(図3-63)。地域内摂食頻度が44位であることから摂食機会が減りつつある料理と言える。

3番目は，摂食頻度得点第49位の「サバの潮汁」である。沿岸から山間にかけて点在する22市町村で食され，地域内摂食頻度は46位である(図3-64)。

表 3-10 その他の地域摂食型魚介料理

得点順位	料理名	調理法・備考
33	イワシのコロッケ	ゆでたジャガイモと身をほぐした塩焼きイワシ，みじん切りタマネギを小判型に丸め，衣を付けて菜種油で揚げる。
40	イワシの塩辛	カタクチイワシに塩，トウガラシまたはサンショウを混ぜて漬け込み，5日程で食べられる。
49	サバの潮汁	塩をした切り身サバと白菜や大根などの野菜を鍋で煮，味を調えて椀に注ぎ，薄切りショウガとユズ皮をのせる。
51	筍干盛	端午の節句の祝い料理。タイやイセエビの汁でタケノコ，フキ，ゼンマイ，ウドなどを薄味で煮て大皿に盛りつける。
52	イカナゴご飯	米，イカナゴの煮干し，醤油，塩少々を釜に入れ，普通に炊き，おにぎり等にして食べる。
57	冷や汁	味噌をすり鉢ですり，冷水でのばし，ほぐした焼き魚身，焼きスルメ，輪切りキュウリを入れて混ぜ，麦飯にかけて食べる。
62	ヨガマタの佃煮	ヨガマタは黒色の海藻で，油少々で炒めた後軟らかくなるまで煮て醤油味を付け，麦飯にかけて食べる。
66	ビナの味噌汁	ビナ(巻貝)を水に浸けてぬめりを取り，水，味噌で煮る。汁だけ先に飲み，ビナは後で身を取り出して食べる。
67	おとふせいも	サツマイモを大釜に入れ，その上にオトフセ(カキ)を山盛りにのせ，水を柄杓一杯程加え，イモが煮えるまで炊く。
69	鹿の子クジラと青タカナの煮しめ	鹿の子クジラの薄切りを煮る。下ゆでしたタカナを入れ，ゆっくり煮てクジラの味を含ませる。
71	クジラの炊き込みご飯	クジラの赤身と皮にニンジン，ゴボウ，タケノコなどの野菜を加え，砂糖，醤油で味をつけて炊き込む。
72	メカジャのから炒り	メカジャ(ミドリシャミセンガイ)を鍋でから炒りし，塩，ミリンで味をつけ，七味唐辛子をふる。

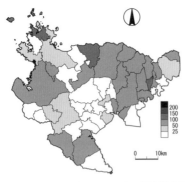

図 3-62 イワシのコロッケの摂食頻度分布

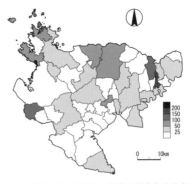

図 3-63 イワシの塩辛の摂食頻度分布

3.3 佐賀県域における伝統的魚介類食の展開パターン

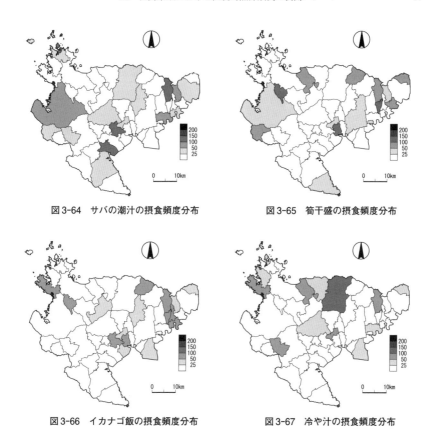

図3-64 サバの潮汁の摂食頻度分布　　図3-65 筍干盛の摂食頻度分布

図3-66 イカナゴ飯の摂食頻度分布　　図3-67 冷や汁の摂食頻度分布

4番目は，摂食頻度得点第51位の「筍干盛」である。端午の節句の祝い料理である。県の縁辺部を中心に21市町村で食され，地域内摂食頻度は47位であり，摂食地域内では比較的よく食べられていることがわかる(図3-65)。

5番目は，摂食頻度得点第52位の「イカナゴ飯」である。おにぎりなどにして，忙しい田起こし等の時に食べる季節料理である。23市町村で食され，地域内摂食頻度は56位と若干低くなっている。図3-66より，佐賀市周辺から県東，県北農村部にかけて摂食地域がみとめられるが，特定の分布パターンとしては捉えがたい。

6番目は，摂食頻度得点第57位の「冷や汁」である。20市町村，特に東松浦の他，山間地で比較的よく食されるが，地域内摂食頻度は61位と低くなって

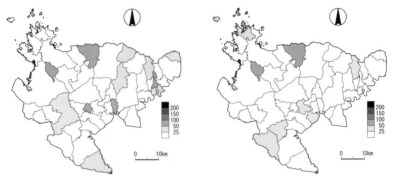

図3-68 ヨガマタの佃煮の摂食頻度分布　　図3-69 ビナの味噌汁の摂食頻度分布

いる（図3-67）。

　7番目は，摂食頻度得点第62位の「ヨガマタの佃煮」である。ヨガマタは，黒色の海藻である。内陸を中心に点在する17市町村で食され，地域内摂食頻度は66位である（図3-68）。

　8番目は，摂食頻度得点第66位の「ビナの味噌汁」である。13市町村で食され，地域内摂食頻度は71位とかなり低く，食べられる頻度が下がっている（図3-69）。

　9番目は，摂食頻度得点第67位の「おとふせいも」である。おとふせとは，カキのことであり，これとサツマイモを一緒に炊く。12市町村で食され，地域内摂食頻度は67位である（図3-70）。

　10番目は，摂食頻度得点第69位の「鹿の子クジラと青タカナの煮しめ」である。10市町村で食され，地域内摂食頻度は59位と，摂食地域内では比較的よく食べられている（図3-71）。

　11番目は，摂食頻度得点第71位の「クジラの炊き込みご飯」である。10市町村で食され，地域内摂食頻度も71位である（図3-72）。

　12番目は，摂食頻度得点第72位の「メカジャ（ミドリシャミセンガイ）のから炒り」である。現在ではわずか8市町村のみで食されるが，地域内摂食頻度は54位と高く，好まれていることがわかる（図3-73）。

8）消滅危機直面型

　今日では，食材が手に入りにくくなったものや，調理法が失われつつあるも

3.3 佐賀県域における伝統的魚介類食の展開パターン

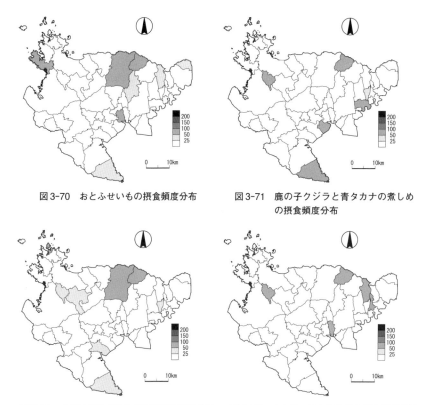

図3-70 おとふせいもの摂食頻度分布　　図3-71 鹿の子クジラと青タカナの煮しめの摂食頻度分布

図3-72 クジラの炊き込みご飯の摂食頻度分布　　図3-73 メカジャのから炒りの摂食頻度分布

のであり，摂食得点上最下位の3品目が含まれる。まさに，消失の危機にある料理と言えよう（表3-11）。

表3-11にあがっている3品目の文献での採取地を見ると，タニシの煮付けが山間（脊振村），他の2つが有明海沿岸地域である。有明海は，もともと日本の他海域では見られない独特な魚介類が豊かな海域であるが，近年環境の悪化もあって，漁獲量を減らしているものが多い。本タイプは，まさに幻となりつつある魚介類を使った消滅が懸念される料理である。

本タイプの1番目は，摂食頻度得点第73位の「タニシの煮付け」である。本料理は，3日3晩続く生い立ち祝いの酒の肴であり，弁当のおかずにもよい。7市町村で食され，地域内摂食頻度は74位である（図3-74）。かつて，魚肥な

表3-11 消滅危機直面型魚介料理

得点順位	料理名	調理法・備考
73	タニシの煮付け	大釜でゆがいてひとつずつ針で身を取り出す。中身を砂糖と醬油で甘辛く煮付ける。
74	ムツゴロウの味噌汁	ムツゴロウをぶつ切りにし，から炒り後煮て味噌を溶き入れる。
75	餅米入りウミタケ	洗って水に浸けた餅米をウミタケの腹に詰め，爪楊枝で止め，ミリン，醬油，砂糖で煮て輪切りにして盛りつける。

図3-74 タニシの煮付けの摂食頻度分布

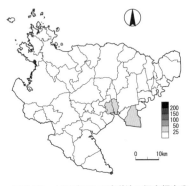

図3-75 ムツゴロウの味噌汁の摂食頻度分布

どを使った有機農法による水田耕作の時代，田は，米と魚肥を餌とするドジョウやフナ，タニシなど，主・副食を同時に生み出す豊穣，恵みの生産の場であった。戦後，化学農薬の使用によってタニシやドジョウが駆逐され，本料理もほとんど摂食されることがなくなった。[9]

2番目は，摂食頻度得点第74位の「ムツゴロウの味噌汁」である。10市町村で食され，地域内摂食頻度は第75位(最下位)と，佐賀県ではポピュラーな食材であるが，ほとんど食されなくなった料理である(図3-75)。

3番目は，摂食頻度得点第75位，すなわち最下位の「餅米入りウミタケ」で

図3-76 餅米入りウミタケの摂食頻度分布

ある。わずか3市町村で食されているが，地域内摂食頻度は第61位と比較的高くなっている。(**図3-76**)。現在，有明海ではウミタケ自体が幻の魚介と称されるほど，生産が減ってきている。本料理は，イカ飯のウミタケ版と言えるものであるが，その摂食もほとんどみられなくなった。

3.3.3 伝統的魚介類食の市町村別展開に関する考察

本節では，アンケートで得られた伝統的魚介類料理75品目それぞれの摂食得点の市町村別平均得点を比較検討することで，伝統料理の摂食にみられる地域的特徴についてみていく。

その結果をまとめたのが，**表3-12**である。これによると，上位10傑には行政上の市が出てこず，内陸山間の町村が揃って並んでいること，その中でわずかに玄界灘に臨むかつてはクジラ漁，現在はイカ漁が盛んな呼子町と有明海に臨むアサリ採貝やノリ養殖が盛んな川副町の2町が，沿岸漁業地区として掲出されることがわかる。内陸山間は，高齢化が特に進行している地域であり，かつては貴重な海産鮮魚介類が，現在はトラック輸送で入り込むことで，そういった高齢者の需要を満たしていると考えられる。[10] 10傑に次ぐ11位から23位の13市町のうち，8つまでが沿岸の漁業地区を含む市町であり，いわゆる漁業地区が中上位を占めていることがわかる。さらに，24位以下は，内陸農村，都市地区が続いている。最下層の多久市，小城町，三日月町，北方町などは，内陸にある都市，あるいは都市近郊的な地域であり，従前より海産魚介類食が乏しく，そうした食習慣の名残から現在でも魚介類の消費が少ないことが推測される。[11]

3.4 結 び

以上，本稿では佐賀県域を事例として，伝統的魚介類食の地域的分布パターンとそれらの特性について論を進めてきた。研究結果は，以下のようにまとめることができる。

佐賀県域における伝統的魚介類食75品目の摂食頻度アンケート調査データから，それらの地域的分布パターンとして，8つのタイプを見出すことができ

第3章　佐賀県域における伝統的魚介類食の地域的展開

表3-12　市町村別摂食得点および地域特性

摂食得点順位	市町村名	摂食平均得点	地域*（地理的環境）	摂食得点順位	市町村名	摂食平均得点	地域*（地理的環境）
1	上峰町	72.3	三神地区（内陸農村）	25	嬉野町	46.3	杵藤地区（内陸農観光都市）
2	七山村	68.3	唐松地区（山間農山村）	27	厳木町	45.7	唐松地区（内陸農村）
3	北波多村	68.0	唐松地区（内陸農山村）	28	神埼町	44.6	三神地区（内陸農業都市）
4	呼子町	64.5	唐松地区（沿岸漁村）	29	佐賀市	44.4	佐城地区（内陸都市）
5	江北町	64.3	杵藤地区（内陸農村）	30	浜玉町	44.3	唐松地区（沿岸農村）
6	西有田町	62.3	伊西地区（内陸農村）	31	久保田町	43.7	佐城地区（沿岸農村）
7	東脊振村	61.0	三神地区（山間農山村）	32	千代田町	42.7	三神地区（内陸農村）
8	富士町	58.7	佐城地区（山間農山村）	32	有田町	42.7	伊西地区（内陸工農村）
9	三瀬村	57.7	三神地区（山間農山村）	32	福富町	42.7	杵藤地区（沿岸農村）
10	川副町	55.4	佐城地区（沿岸農漁村）	35	脊振村	42.3	三神地区（山間農山村）
11	伊万里市	55.2	伊西地区（沿岸都市）	36	山内町	41.7	杵藤地区（内陸農村）
12	牛津町	55.0	佐城地区（内陸農村）	37	塩田町	40.0	杵藤地区（内陸農村）
13	大和町	54.3	佐城地区（内陸都市近郊農村）	38	三田川町	38.7	三神地区（内陸農村）
14	中原町	54.0	三神地区（内陸農村）	39	東与賀町	37.9	佐城地区（沿岸農村）
15	有明町	52.0	杵藤地区（沿岸農漁村）	40	大町町	37.7	杵藤地区（内陸農村）
16	三根町	51.3	三神地区（内陸農村）	41	基山町	37.3	三神地区（内陸都市近郊農村）
17	太良町	50.3	杵藤地区（沿岸農漁村）	42	北茂安町	37.0	三神地区（内陸農村）
18	玄海町	49.7	唐松地区（沿岸農漁村）	43	多久市	34.5	佐城地区（内陸農業都市）
19	唐津市	49.3	唐松地区（沿岸漁業都市）	44	白石町	34.4	杵藤地区（沿岸農村）
19	鎮西町	49.3	唐松地区（沿岸農漁村）	45	相知町	32.3	唐松地区（内陸農村）
21	鹿島市	48.0	杵藤地区（沿岸都市）	46	三日月町	24.0	佐城地区（内陸農村）
22	肥前町	47.7	唐松地区（沿岸農漁村）	47	小城町	23.6	佐城地区（内陸農業都市）
23	芦刈町	47.3	佐城地区（沿岸農漁村）	48	諸富町	18.4	佐城地区（内陸農村）
24	鳥栖市	46.8	三神地区（内陸都市）	49	北方町	10.3	杵藤地区（内陸農村）
25	武雄市	46.3	杵藤地区（内陸都市）				

＊三神地区：鳥栖市，神埼町，千代田町，三田川町，東脊振村，脊振村，三瀬村，基山町，中原町，北茂安町，上峰町，三根町
　佐城地区：佐賀市，多久市，諸富町，川副町，東与賀町，久保田町，大和町，富士町，小城町，三日月町，牛津町，芦刈町
　唐末地区：唐津市，浜玉市，七山村，厳木町，相知町，北波多村，肥前町，玄海町，鎮西町，呼子町
　伊西地区：伊万里市，有田町，西有田町
　杵藤地区：武雄市，鹿島市，山内町，北方町，大町町，江北町，白石町，福富町，有明町，太良町，塩田町，嬉野町

た。すなわち，①凡県域高摂食型，②凡県域中摂食型，③沿岸広域摂食型，④玄界灘沿岸域摂食型，⑤有明海沿岸・佐賀平野域摂食型，⑥内陸・山間地域摂食型，⑦その他の地域摂食型，⑧消滅危機直面型であった。

　これらの摂食地域分布パターンの存立要因として，凡県域型に属するものは，

3.4 結　び

元来その多くが玄界灘で捕れるポピュラー，かつ保存のきく食材が使われ，県外でも広く摂食されているものが多い。沿岸域摂食型は，長らく地産地消の料理であった。それゆえ，玄界灘沿岸と有明海沿岸のそれぞれの地域で，きわめて特徴的・個性的な伝統郷土料理が多く摂食されてきた。これに対し，内陸・山間地域摂食型に含まれる料理は，地産の淡水魚介の他，はるか北海道から運ばれてくる食材を使った伝統食も含まれている。また，かつては，摂食地域タイプが明瞭であったはずの地産料理でも，食材の入手難などを理由にタイプが不鮮明となって分類できないもの，消滅の危機にある料理もみとめられた。

　伝統的魚介類食の市町村別展開をみると，高摂食地域は，高齢化の進む内陸山間町村が主な分布地域であった。これは，かつて貴重かつ贅沢品であった鮮魚介類が車で容易に搬入されることで，住民の需要を満たしているためと考えられる。中位摂食地域には，漁業地区を含む市町村が並び，下位摂食地域に内陸農村や都市，さらに，摂食地域の最下層には元来魚食習慣の乏しい内陸の都市，あるいは都市近郊地域が並ぶことがわかった。

　こんにち，消失危機にあるものを含めて伝統的魚介類食は，長年愛され保持されてきた重要な地域文化である。そうした伝統文化の記録を残すこと，それらが好まれてきた地域分布パターンを明らかにすることができた点で，本稿の当初の目的を達成することができた。末尾ながら，筆者は地域伝統の魚介類食や地酒といった飲食文化を核として集客を図るツーリズムによる地域活性化の可能性を考えている。佐賀県を事例とした地域活性化構想の具体的な提案については第5章および第6章に譲りたい。

［付記］本研究には，2015年日本財団海洋教育促進プログラム（事業ID：2013153131），および2016年アサヒグループ学術振興財団研究助成金の一部を使用した。本研究の骨子は，2016年度人文地理学会大会（於 京都大学）にて発表した。
調査に当たって，澤野香代子氏（元西九州大学教授）と佐賀市在住の澁谷里美氏に多くのご教示を賜った。アンケート調査にご協力いただいた365名にのぼる佐賀県民の皆様，現地調査に携わってくれた宮崎大学経済地理学ゼミを中心とする学生有志，作図にご協力いただいた大平明夫先生に記して感謝申し上げる。

注

1) ①「日本の食生活全集 佐賀」編集委員会編(1991)，②伊万里市食生活改善推進協議会(2009)，③鹿島市教育委員会(1986)，④佐賀県栄養保健推進協議会(1984)，⑤佐賀農業産地づくり運動上場技術指導部(1990)，⑥佐賀農業農村むらぐるみ発展運動武雄・杵島地区推進支部・経営技術指導部(1999)，⑦鳥栖市食生活改善推進協議会(2005)他。

2) 澤野香代子氏(元西九州大学教授)に協力をいただいた。

3) 調査日程とアンケート調査件数，および協力学生数は，以下の通りである。
   第1回調査(2015年11月28・29日)鳥栖市・三養基郡内・神埼市・佐賀市方面。アンケート件数123件，協力学生6名。
   第2回調査(2015年12月19・20日)唐津市・伊万里市・有田町・三瀬・背振・東背振方面。アンケート件数122件，協力学生6名。
   第3回調査(2016年3月1・2日)佐賀市・小城市・多久市・嬉野市・鹿島市・白石町方面。アンケート件数120件，協力学生7名。

4) アンケート結果を数値化するために表記のような分析を行うことで，摂食頻度の高い日常食だけでなく，摂食頻度の低い品目を見落とさないよう努めた。それは，後者に重要なハレ食が含まれているからである。

5) 玄界灘側の主要な漁獲物は，アジ，サバ，イワシ，イカ，タイ，ヒラメ，カレイ，ブリ，ヒジキなどの海藻類，ウニなどである。一方，有明海側では養殖ノリの他，アサリ，カキなどの貝類，エビ・カニ類が多い。量的には少ないが，有明海産の特徴的な魚介として，ムツゴロウ，ワラスボ，クチゾコといった魚類，アゲマキ，メカジャ(ミドリシャミセンガイ)，タイラギ，ウミタケなどの貝類，シオマネキ，シャッパ(シャコ)など個性的な魚介が並ぶ。また，淡水性魚介としては，フナやウナギが著名なものと言えよう(佐賀県有明海漁業協同組合ホームページ(2016a)他による)。

6)「タラのわたの煮付け」は，中村(2014)で取り上げた大分県日田地方の「タラおさ(胃)の煮付け」と同じものであり，タラのエラと胃の干物を煮付けにする日本でも，北部九州，さらに日田から筑後川中流域までの地域と佐賀県の鳥栖から内陸にかけての地域にしかみられない盆の時期の伝統ハレ食である。

7) 呼子のクジラ漁は，具体的には，唐津藩下で鯨組を組織した「中尾家」の操業が江戸時代中期から明治10(1877)年まで，その後継となった小川島捕鯨組の操業が昭和24(1949)年頃まで行われていた(安永，2006)。

8) 佐賀県有明海漁業協同組合ホームページ(2017b)による。

9) 泥臭いイメージのあるタニシであるが，よく泥出しをしてから料理すると，大変美味との話を住民聴き取りアンケートで聞くことができた。

10) 今日，高齢者の多い山間地域で他地域に比して海産魚介類食が盛んであるという例は，熊本県の球磨・阿蘇郡といった山間地域でもみとめられた（中村，2012b）。

11) 本節での分析は，あくまで本稿で取り上げた伝統的魚介料理75品目に関して行ったものであり，本分析をもって佐賀県の魚介類消費全体の地域的特徴を語れるわけではない。一般に手の込んだ伝統料理は，魚介が貴重な内陸で，より発達する傾向がある。これに対し，魚介産地である沿岸地域では，新鮮な魚介の刺身等生食としての消費が多い。海産魚介の生食は，今回の調査ではリストにあがっていないので，本節のような分析結果となった。また，魚介類食の乏しい内陸地でも小城市清水のコイ料理など，特徴的なものが現存するのも事実である。

文献等

朝倉隆太郎（1977）：郷土料理シモツカレの地理的分布．宇都宮大学教育学部紀要27，pp.77-87。

市川健夫（1986）：食文化にみる地域性．地理31(10)，pp.10-18。

伊万里市食生活改善推進協議会（2009）：『いまりの郷土料理』，伊万里市食生活改善推進協議会，pp.1-72。

鹿島市教育委員会（1986）：『ふるさとの味』，鹿島市教育委員会，pp.1-16。

木村ムツ子（1974）：郷土料理の地理的分布．地理学評論47(6)，pp.394-401。

佐賀県栄養保健推進協議会（1984）：『佐賀の郷土料理』，佐賀県栄養保健推進協議会，pp.1-77。

佐賀農業産地づくり運動上場技術指導部（1990）：『うわばの味をあなたに』，佐賀農業産地づくり運動上場技術指導部，pp.1-24。

佐賀農業農村むらぐるみ発展運動武雄・杵島地区推進支部・経営技術指導部（1999）：『武雄・杵島のふるさと料理と手作り食品』，佐賀農業農村むらぐるみ発展運動武雄・杵島地区推進支部・経営技術指導部，pp.1-61。

鳥栖市食生活改善推進協議会（2005）：『鳥栖の郷土料理』，鳥栖市食生活改善推進協議会。

中村周作（2008）：宮崎県域における伝統的魚介類食の地域的展開．地域漁業研究48(3)，pp.51-65。

中村周作（2009）：『宮崎だれやみ論——酒と肴の文化地理——』，鉱脈社，pp.1-141。

中村周作（2012a）：宮崎県域における伝統的魚介類食の分布とその背景．横山智・荒木一視・松本淳編『モンスーンアジアのフードと風土』，明石書店，pp.149-168。

中村周作（2012b）：『熊本 酒と肴の文化地理——文化を核とする地域おこしへの提

言——』，熊本出版文化会館，pp.1-215。

中村周作（2013）：大分県域における伝統的魚介類食の地域的展開．地理空間6(2)，pp.121-139。

中村周作（2014）：『酒と肴の文化地理——大分の地域食をめぐる旅——』，原書房，pp.1-179。

「日本の食生活全集 佐賀」編集委員会編（1991）：『日本の食生活全集41 聞き書 佐賀の食事』，農山漁村文化協会，pp.1-355。

安永浩(2006)：捕鯨近代化の諸相——呼子・小川島を中心に——．「鯨科研」公開シンポジュウム公開資料，pp.1-4。

山下宗利（1992）：わが国における食文化の地域性とその変容．佐賀大学教育学部研究論文集39，pp.115-133。

佐賀県有明海漁業協同組合（2017a）：有明海の海産物・レシピ ゲンゴロウブナ．同ホームページ，http://www.jf-sariake.or.jp/page/maeumimon_gengoroubuna.html(2017年6月4日閲覧)。

佐賀県有明海漁業協同組合（2017b）：前海もん(有明海の海産物)．同ホームページ，http://www.jf-sariake.or.jp/page/maeumimon.html(2017年6月4日閲覧)。

ムツゴロウ

〈第4章〉

伝統的魚介類食を育んできた佐賀県水産業
——その展開，および'有明七珍'の勧め——

4.1　はじめに

　本稿の目的は，佐賀県各地に展開する伝統的魚介類食を食材供給という点で育み，下支えしてきた当県の水産業の特徴とその展開について明らかにすることである。佐賀県の水産業が展開する水域は，大きく分けて玄界灘と有明海という2海域，および河川やクリークといった内水面の3域がある。それらは，それぞれの環境の大きな違いから，非常にユニークな魚介類が生息する場となっている。以下，本稿では，1.佐賀県水産業の展開する場である水域を中心とする地域の概観，2.漁獲漁業とノリ養殖業を中心にみた生産の推移からみる当県水産業の特徴，3.漁業拠点である漁港の特徴について論を進めた後，4.特にユニークな魚介が展開することで個性が際立つ有明海の珍魚介の保護と，それらを活用した地域おこし策として'有明七珍'の勧めについて提唱する。

4.2　地域の概観

　佐賀県は，人口832,832人，世帯数302,109（2015年国勢調査），面積2440.7 km²のコンパクトな県である。地形的には，東部福岡との県境をなす脊振山系から中北部を占める筑紫山地，西に北から上場台地，杵島丘陵，長崎県境をなす多良岳山系が延び，南部に自然陸化および人工的な干拓地の展開する佐賀平野が広がる。北の玄界灘に接する海岸線は，屈曲に富んだリアス式海岸をなしている。対馬暖流の流入する玄界灘では，外洋性漁業としてのアジ・サバなどのまき網，イカ釣り，フグ・アマダイなどの延縄，磯浜での採貝採藻などが展開し，波静かな唐津・伊万里両湾では，魚類・真珠養殖がみられる[1]。一方，南の有明海に接する海岸線は，単調な干拓前線である。有明海は，長崎・

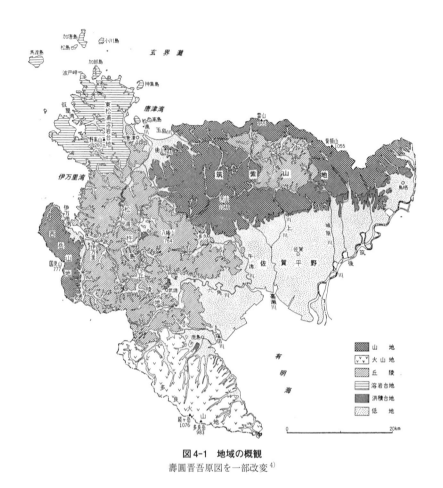

図4-1　地域の概観
壽圓晋吾原図を一部改変[4]

佐賀・福岡・熊本4県に囲まれる内海であり，海岸総延長約400 km，面積約460 km^2，遠浅で平均水深は約20 mに過ぎない。日本最大の干満差を持つ海であり，大潮時にはその差が6 m，引き潮時に広大な干潟が出現する。内海の上に六角川，嘉瀬川，筑後川，菊池川，白川，緑川などの河川水が流入するために，内陸より豊富な栄養塩類がもたらされ，ノリ養殖を中心とする豊かな漁場環境を形成している。[2]

この両海域の他に，佐賀県域では古来，稲刈りが終わるとクリーク（用水路）の溝さらえが行われてきた。これにより，1年使った用水路をきれいにするだ

けでなく，底泥を堆肥に，また淡水魚が重要な正月料理の食材となった[3]。かつて，有機肥料を使っていた時代には，水田自体も，主食である米のみならず，副食となるドジョウやタニシなど淡水魚介を産する場であり，当県にとって，クリークや田の淡水魚介も重要な副食として利用されてきた(**図4-1**)。

4.3　佐賀県の水産業

4.3.1　水産業の概観

2015(平成27)年度の漁業・養殖業に関する都道府県別統計をみると[5]，佐賀県は，海面漁業漁獲量が約18,005トンで，全47都道府県中の37位(全国比の0.5%)，九州地方でも最下位である。生産量が少ないのは，同地域で盛んなまき網漁業漁獲が統計上出てこないことがおもな理由となっている。一方，海面養殖業の収獲量は約68,398トンで，全都道府県中の6位(全国比の6.4%)と盛んであり，九州地方でも第1位となっている。同県の養殖生産量中の97.3%と大半を占めているのが，生産量日本一を誇る有明海のノリ養殖である。これに対し，内水面漁業漁獲量はわずか5トン，漁獲統計が明らかになっている39都道府県中の35位(全国比の0.02%)にすぎない。この生産の少なさは，同県中に規模の大きな河川，湖沼が少ないことが，その理由としてあげられよう。内水面養殖業の収獲量をみると，これもわずか6トン，全都道府県中の42位(全国比の0.02%)と生産量は少ない。

佐賀県の海面漁業・養殖業について，生産統計をみながら，さらに分析を進めてみよう。**図4-2**は，統計のある1956(昭和31)年以降の主要魚種別漁獲量の推移を示している。これをみると，本県における漁獲は，1961(昭和36)年に119,003トンというピークを迎える。当時は，有明海を中心とする貝類生産とともに，玄界灘(松浦海区)でのまき網によるアジの漁獲量が抜群に多いことがわかる。しかし，数年後には減産に転じる。それでも1989(平成元)年までは，変動はあるものの豊漁の年には6万トンとピーク時の半分ほどの生産があったが，その後さらに減産が進み，近年では毎年2万トン弱とピーク時の1/6ほどになっている。魚種の内訳をみると，当県の主要漁場である有明海と玄界灘水域で，全く異なった魚種があがっていることが興味深い。2015(平成27)年時点

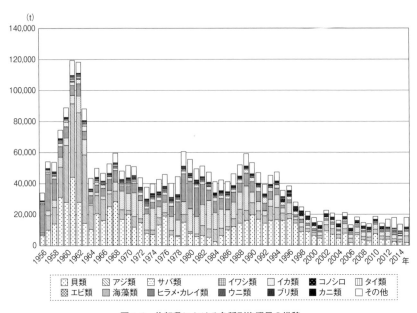

図4-2 佐賀県における魚種別漁獲量の推移
農林水産省(2017):「漁業・養殖業生産統計」による。

で，水揚げの最も多いアジ類(全体比の23.6％)，同2位のサバ類(同15.1％)，4位のイカ類(同5.1％)，5位のイワシ類(同4.1％)，この他タイ類，ウニ類，ブリ類，海藻類は，ほぼ100％玄界灘産である。これに対し，水揚げ量第3位の貝類(同10.0％)やエビ類が，ほぼ100％有明海産となっている。例外的に両海域双方で水揚げがあるものとして，7割を玄界で漁獲するヒラメ・カレイ類，やや有明海産が多いカニ類がある。

図4-3は，主要魚種別海面養殖収穫量の推移を示している。これをみると，先述のように，有明海におけるノリ生産量が毎年圧倒的な生産量を示していることがわかる。なお，ノリ養殖業は，佐賀県の水産業の中でも，特に重要な位置を占めているので，その歴史的変容などについては，次節において詳述する。その他，魚類養殖として生産の多いのが，ブリ類とマダイである。これらは，統計上1970年頃から始まり，ブリ類が1979(昭和54)年から生産が急増し，1991(平成3)年に1,150トンとピークを迎える。その後，全国的な生産過剰もあって減産に転じ，1997(平成9)年に底を打った後，再び増産に転じて2013(平

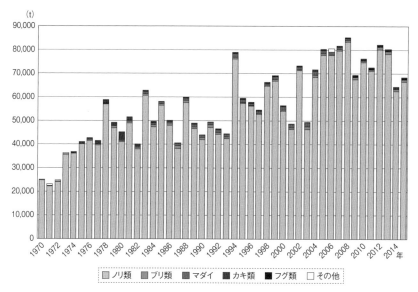

図4-3 佐賀県における海面養殖収穫量の推移
農林水産省:「漁業・養殖業生産統計」による。

成25)年に1,143トンと,ピーク時と並ぶ活況を呈している。一方,徐々に生産を増やしてきたマダイは,1989(平成元)年に初めて1,000トンの大台を超え,2004(平成16)年に1,766トンのピークを迎える。しかし,その後は大幅減産に転じ,2015(平成27)年には,299トンとなった。また,カキ類の生産も1970年代後半から80年代前半にかけて非常に多かったが(ピークは1980(昭和55)年の3,051トン),2015(平成27)年には,293トンと,これも減産が著しい。

内水面漁業漁獲物も,かつては主要なタンパク源として重宝されてきたが,もともと狭い県土であり,筑後川以外大きな河川・湖沼もないため,生産統計上,わずかにコイ,フナ,シジミが出てくるぐらいである。内水面養殖業も,養殖適地の湖沼等が少ないこともあって,統計上はほとんど出てこない。

4.3.2 佐賀県におけるノリ養殖業

佐賀県におけるノリ養殖業の発展の歴史を,既存文献[7]と現地聴き取り調査をもとにみると,1955(昭和30)年以前の黎明期,1956(昭和31)年から1975(昭

50)年までの発展期，1976（昭和51）年以降の安定期に分けることができる。

1）黎明期──1955（昭和30）年以前

　わが国におけるノリの採捕およびその食習慣は，有史以前よりあったと考えられており，養殖業も，江戸時代には江戸近辺の沿岸で行われてきたことが知られている。有明海沿岸では，熊本県が先進地として早くからノリ養殖に取り組み，福岡県が追随したが，佐賀県では成育環境の厳しさもあって取り組みが遅れた。

　当県で，最初にノリ養殖が試みられたのは1905（明治38）年である。当時組織されていた「有明海水産組合」が熊本県より種を購入し，粗朶（枝付きのカシの木）ヒビを海中に立て込んだが，干満差が大きすぎて腐れが発生し，失敗に終わった。1911（明治44）年には佐賀県水産試験場有明海出張所が鹿島に開設され，女竹建て込み式ヒビを試験したが，成果は得られなかった。1919（大正8）年，「有明海海苔株式会社」がカシ立て粗朶ヒビを使って養殖を再開し，佃煮の生産を行ったが，成績不振により翌年閉鎖に追い込まれた。1924（大正13）年，女竹ヒビを熊本県より移入したが，これも失敗に終わる。太平洋戦争直後，ノリは，「海の黒ダイヤ」と呼ばれ，高値がついて全国的に養殖業が活発化してくる。鹿島の試験場（出張所）でも1948（昭和23）年にノリ養殖事業を再開したが，生産は少なかった。このように不振が続いた大きな原因として，当時他地域で広く採用されていた建て込み式ヒビが，干満差の大きな有明海には向いていなかったこと，地元に種場を持っていなかったため，種を他県から購入せざるを得ず，よい種を得ることが難しかったことがあげられる。後者を解決する方法として，後に人工採苗が実施されるのであるが，この人工採苗への道を開く大きな発見が1949（昭和24）年，キャサリン・メアリー・ドリュー［英］によってなされた。すなわち，それまで生態不明であった春先から秋口にかけてのノリが，糸状体の形で過ごすという発見である。この翌年には，早くも熊本県宇土市で人工採苗に成功するが，佐賀県ではその導入も遅れ，50年代前半に，各地の漁村で少人数の養殖業者が開業するという状況であった。

　当初の養殖技術は，竹や枝付きの木を海中に立ててノリの菌が付くのを待つ天然採苗で，収穫も手摘み，加工も手抄き，天日干しと，まさに自然に頼り切った状態にあった。そういったなかでもこの時期に，機械技術的な発展とし

て，性能的には低いレベルであったが，乾燥機，円盤式ノリ抄き機，脱水機などが導入された。また，生産量が，徐々にではあるが増えてきたこともあって，1955（昭和30）年には，「九ノリ（九州海苔入札会）」に初参加し，流通にも道をつけた。

2）発展期──1956（昭和31）年～1975（昭和50）年

1955（昭和30）年頃には，全国的な増産が進み，特に味付け加工ノリが普及したこともあって，ノリが高級食品から大衆食品へと移った時代でもあった。これ以降の20年間は，佐賀県ノリ養殖業の大発展期ということができる。1956（昭和31）年には，佐賀県水産試験場大浦分場で糸状体の培養に成功し，翌年から，佐賀県でも室内人工採苗による養殖が開始された。

この年は，不安定であった天然採苗時代とは打って変わって豊作となった。技術的には，ヒビからノリ網への転換，そして種付け方法として「落下傘式種付け」方法が，1958（昭和33）年に熊本県八代・宇土地区より導入されている。これは，人工採苗によってカキ殻で培養した糸状体を小さなビニル袋に入れて，種付けをする網の下に吊るすもので，2～3日たつと網にノリの菌が付着する。

こういった技術革新によって，天然採苗時代の不振を脱し，安定した生産を上げることができるようになったため，1959（昭和34）年頃から漁師だけでなく，近隣の農家からもノリ養殖業に大量参入するようになり，経営体数が急増する。全国的には，かつての大産地であった東京都で1963（昭和38）年，海洋汚染と養殖適地の埋立によって，ノリ養殖業者が全廃するなど，1960（昭和35）年をピークに経営体数は減少に転じている。つまり，この時期は，衰退する旧産地と，佐賀県のような新興産地との交代期であったということができよう。

この時期には，機械技術的にも新型のノリ抄き機が続々と登場した。この他，特に労働の助けとなったのが，冬の夜，寒風の中での手作業でのノリ摘みから解放してくれることになったピアノ線を歯に使用したノリ摘み機の登場（1963（昭和38）年）であった。

ノリの流通・販売に関して，1956（昭和31）年に，佐賀有明漁連において第1回共販が開かれた。集まったのは，大半が関西の業者であったが，翌年には関東・東海地方の商社誘致に成功し，佐賀ノリのシェアが，一気に関東まで拡大した。また，1963（昭和38）年には，関東の一業者が大量買い付けに走った結果，

価格が急騰するなど，まさに佐賀ノリ養殖業の上げ潮期であった。

1964(昭和39)年には，先述の人工採苗と並ぶ一大技術革新である「冷凍網」の開発が，愛知・千葉水産試験場において成功する。この技術は，冷凍に強いノリの特性を生かして，落下傘によってノリのついた網をある程度乾燥させた後，袋詰めして−20℃前後で冷凍保存しておく。これを通常期の「秋芽網」の収穫が終わってから冷凍庫から取り出して網張りを行うと，解凍されたノリが再び成長を始めるので，一定期間の後，収穫を行う。つまり，ノリの二期作によって収穫が倍増するという画期的な新技術であった。1965(昭和40)年以降，この冷凍網が全国的に普及した上に，比較的水深の深い海での養殖を可能にする「浮き流し式」養殖法が開発され，これが瀬戸内海の兵庫，岡山，山口，香川県などに広がって生産の飛躍的増加につながった。ノリ養殖においては後発であった佐賀県であるが，1965(昭和40)年頃には福岡県を抜いて，有明海沿岸で最大の生産をあげるようになった。しかしながら，この時期の増産に伴う競争の激化は，無秩序な養殖域の拡大，密殖を招くことになり，佐賀県でも漁場環境の悪化が顕著となった。そうして，1966(昭和41)年から68(同43)年には，経営体数は増加したものの，著しい生産の減少がみとめられる(図4-4)。特に

図4-4　佐賀県の板ノリ収穫量の推移
佐賀県企画局統計課『佐賀県統計年鑑』より作成。

養殖年度1967(昭和42)年(養殖は，冬場年を跨いで行われるため，統計年度では，68(同43)年)には，大干ばつ後の集中豪雨によって「白腐れ病」が発生し，秋芽が全滅した。当時は冷凍網も量的には少なかったため，この年は，ほとんど壊滅的な状況となった。

　この大凶作の反省から，翌年佐賀県では，県および漁連主導の画期的な漁場規制(集団管理体制)が構築されることとなった。集団管理体制とは，①施設網数の制限(大幅削減)，②養殖時期・技術上の制約，すなわち，採苗開始時期，漁場利用期間の統一，種付け時にノリの菌を満遍なく行き渡らせるための重ね網数の統一(最大30枚)，網の張り方や網目サイズの統一，③その他の規制，例えば，県外からの移入制限，漁場利用権の他人への譲渡，貸付，委託の禁止，④技術指導，例えば，冷凍網の徹底普及，⑤罰則規定，すなわち，違反者への罰則の公示といった内容を持つものであった。この体制の確立によって，佐賀県は，日本有数のノリ生産先進地に成長することになる。先の**図4-3**，**4-4**をみても，1968(昭和43)年の大凶作以降は，年ごとの変動は激しいものの，今日まで順調に生産を増加させてきたことがわかる。この時期，全国的な増産が，慢性的な生産過剰状態を引き起こした。佐賀県では，対応策としてノリの品質向上を図り，1974(昭和49)年より，「うまい佐賀のり作り運動」を展開している。この時期，機械技術的には，乾燥機の発達が著しい。例えば，1965(昭和40)年にバーナー式自動調節乾燥機，68(同43)年に全自動乾燥機，69(同44)年に連続自動乾燥機という具合である。

3) 安定期——1976(昭和51)年以降

　1976(昭和51)年以降は，養殖技術や機械化という点では成熟期に入り，生産量も年による変動は大きいものの，安定成長を続けている。ただし，経営体数は，1975(昭和50)年の2,738から2013(平成25)年の808へと大幅に減少していることから，各経営体の規模拡大がみてとれる。

　この時期の機械技術的な発達をみると，1977(昭和52)年頃に全自動乾海苔製造機が開発されたが，この時代には，導入された機械の間をつなぐ労働力が必要とされた。これが，1981(昭和56)年になると，生ノリから板ノリまで全工程一貫の製造機が開発され，さらに，1985(昭和60)年頃には，それまで手作業であった板海苔の折り曲げ，結束機ができた。1990(平成2)年頃には，できあがっ

た板ノリの金属，ゴミ等の付着，破れなどを検出する異物検出機・形状選別機が導入された。こういった機械化は，省力化に貢献してきたが，それらの購入費が業者の経営を圧迫することにもなった。

その他，海中で網をつなぐ支柱として，長年使われてきた竹竿に代わって，1978（昭和53）年にはFRP製のコンポーズが導入されたり，1987（昭和62）年頃には船にレーダーが導入されて，夜間操船が容易になった。また，全国的に1975（昭和55）年頃より，冷凍網の活性処理が行われるようになった。これは，網を酸に浸して消毒するものであり，環境負荷を増大させるという批判はあるものの，生産増に顕著な効果をあげていると言われる。

佐賀県におけるノリ生産はその後も堅調で，2002（平成14）年以来都道府県別生産1位を継続している。生産が順調なこともあり，若手後継者も近年増えつつある。[8]また，2007（平成19）年には，有明海沿岸18漁協が合併し，新たに佐賀県有明海漁協となった。

4.4　水産業の生産拠点である漁港の分布

佐賀県が，有明海区と玄界海区という非常に特徴的な性格を持つ2つの海域（漁場）を有することは，先述のとおりである。佐賀県には，有明海区に19漁港（うち，第1種漁港15港，第2種漁港4港）[9]，松浦海区に27漁港（うち，第1種漁港19港，第2種漁港6港，第3種漁港2港）がある（**図4-5**）。

表4-1は，佐賀県における主要漁港の港勢実態（2013年現在）を示している。これを見ながら，さらに解説を加えていく。表からわかるように，現在では，有明海区と松浦海区を比較すると，前者の方が漁業生産量・金額とも圧倒的に多くなっている。生産が順調なこともあって，先述のように，当地域では，漁業地域を牽引していくような地域リーダーの育成，後継者の確保も比較的順調である。これに対して，後者，松浦海区は，漁業不振から生産者の減少，後継者不足が深刻となっており，外部からの漁業希望者の導入・指導に望みをかけているが，そういった人材の定着も，現実にはむずかしい状況にある。[10]

おもな漁港について，子細を見ていこう。佐賀県で最大の漁港であり，漁船数，組合員数，生産量・額ともに抜きんでているのが戸ケ里漁港である。ここ

4.4 水産業の生産拠点である漁港の分布

図4-5 佐賀県における主要漁港の分布
図中番号は，表4-1に対応。

は，佐賀市川副町，筑後川・早津江川河口にあって栄養塩類が豊富なことから良質・大量のノリ生産処として知られ，養殖が始まった当初より，その中心となってきたところである。当漁港には，4つの港，すなわち，早津江，大詫間，三軒家，戸ケ里が含まれている。これらは全て川港であり，入港時には，川岸の木製ポールに船を係留して，小舟で岸に上がる。一般的な堤防を備えた海の漁港とは，かなり趣を異にしている。戸ケ里漁港に次ぐ規模を誇るのが，広江漁港である。ここは，佐賀市川副町西部，八田江川を少し内陸に入ったところに位置する漁港である。ここも，ノリ養殖中心の漁港である。寺井津漁港は，早津江に隣接する佐賀市諸富町の早津江川沿いに位置している。ここも，ノリ

表 4-1　佐賀県の主要漁港の港勢実態

統計：2013 年度

有明海区

	漁港名	所在地	漁港種類	漁船隻数	正組合員数	準組合員数	経営体数	水揚量(t)	水揚高(百万円)	主要漁業	主要魚種
①	寺井津	佐賀市	第2種漁港	416	122	4	75	6,317	1,779	ノリ養殖，採貝	ノリ，アサリ類
②	戸ヶ里	佐賀市	第2種漁港	602	510	20	280	28,749	8,157	ノリ養殖，刺網	ノリ，エビ類
③	広江	佐賀市	第1種漁港	385	249	34	178	13,229	3,690	ノリ養殖，刺網	ノリ，エビ類
④	佐嘉	佐賀市	第1種漁港	134	71	8	59	4,474	1,114	ノリ養殖，小型底曳網	ノリ，サルボウ(モガイ)
⑤	福所江	佐賀市	第1種漁港	145	64	13	63	3,791	948	ノリ養殖，小型底曳網，刺網	ノリ，サルボウ(モガイ)
⑥	住ノ江	白石町	第1種漁港	124	67	27	34	3,040	733	ノリ養殖，刺網	ノリ，ボラ類
⑦	新有明	白石町	第1種漁港	256	100	96	158	5,484	1,262	ノリ養殖，刺網	ノリ，ボラ類，その他
⑧	百貫	鹿島市	第1種漁港	142	60	28	58	2,348	567	ノリ養殖，採貝	ノリ，サルボウ(モガイ)
⑨	浜	鹿島市	第2種漁港	125	57	2	57	2,669	636	ノリ養殖，小型底曳網，ノリ養殖	ノリ，サルボウ(モガイ)
⑩	飯田	鹿島市	第1種漁港	63	27	11	27	3,427	1,069	刺網，ノリ養殖，小型底曳網，竜	ノリ，サルボウ(モガイ)，その他
⑪	道越	太良町	第2種漁港	182	204	3	126	4,706	1,366	刺網，ノリ・カキ類養殖，竜	コノシロ，エビ類，ガザミ，クラゲ

玄海区

	漁港名	所在地	漁港種類	漁船隻数	正組合員数	準組合員数	経営体数	水揚量(t)	水揚高(百万円)	主要漁業	主要魚種
⑫	唐房	唐津市	第2種漁港	75	38	10	32	311	132	旋網，船曳網，カキ・ワカメ養殖	カタクチイワシ，マダイ，カキ，ワカメ
⑬	呼子	唐津市	第3種漁港	91	63	17	61	265	180	イカ釣，延縄，曳縄釣	イカ類，マダイ，ブリ
⑭	名護屋	唐津市	第2種漁港	58	26	46	23	1,531	1,122	魚類養殖，イカ釣	ブリ類，イカ類，マダイ
⑮	波戸	唐津市	第1種漁港	44	23	24	24	150	152	小型定置網，トラフグ養殖，採貝	アジ類，トラフグ，イカ類
⑯	馬渡島	唐津市	第1種漁港	106	67	34	64	114	104	引縄釣，イカ釣，刺網，採貝	サワラ類，イカ類，アジ類，ウニ
⑰	仮屋	玄海町	第1種漁港	102	43	76	40	225	171	マダイ養殖，採貝	マダイ，トラフグ，サザエ，アサリ
⑱	駄竹	唐津市	第1種漁港	55	14	3	15	405	152	船曳網，釣り	カタクチイワシ，マダイ，ハモ
⑲	高串	唐津市	第3種漁港	67	41	28	40	323	151	船曳網，イカ釣，小型底曳網	カタクチイワシ，シラス，イカ類，タコ類
⑳	大浦	唐津市	第1種漁港	91	31	15	31	320	200	船曳網，刺網，採貝，カキ養殖	カキ，マダイ，カタクチイワシ
㉑	波多津	伊万里市	第2種漁港	56	17	26	18	315	260	延縄，魚類養殖，整網，採藻	ケ，マダイ，テングサ

佐賀県農林水産部農山漁村課漁港港勢調査データより作成。

養殖中心であるが，引き潮時に干潟で採れるアサリの生産もみられる。本庄江川河口に位置する佐嘉漁港もノリ養殖が中心であるが，ノリ養殖時の副業としてサルボウ（モガイ）の生産もみられる。白石町干拓地の前線に位置する新有明漁港も，ノリ養殖が中心であるが，貝類養殖やボラの漁獲もある。鹿島市南部，太良町に隣接する飯田漁港もやはり，ノリ中心であるが，夏場を中心に中国へ輸出するクラゲの生産がみられる。長崎県境の太良町大浦にある道越漁港は，竹崎ガニ（ガザミ，ワタリガニ）で知られる観光地でもある。伝統漁であった潜水によるタイラギ生産は，現状壊滅状態にあり，ガザミも減産が著しいが，ここも近年夏場のクラゲ生産で沸き立っている[11]。

　玄界海区に目を転じる。こちらで最大の生産をあげているのは，歴史的には豊臣秀吉による朝鮮侵攻における拠点とされた名護屋城のあった名護屋漁港である。ここは，内湾を利用したハマチ養殖が中心の漁港であり，これにタイ養殖とイカ釣りが加わる。この他の漁港は，一様に生産量・額ともに少ないが，船曳網やまき網によるイワシや，釣りによるマダイ，県内で伝統的に消費の多いヒジキなどの生産が目立つ。

4.5 ‘有明七珍’の勧め

　環境的に外界との接触が少ない湖沼や内湾には，地域独自に進化発展した，いわゆる珍魚の類が多くみとめられる。これらの水産資源を守りつつ，地域の伝統食材として活用していこうという取り組みが，近年，琵琶湖を有する滋賀県で盛り上がっている。ちなみに，琵琶湖は，面積 669.2 km^2 ある日本最大の大湖であり，固有種を含む在来種や外来種など，様々な魚介類が生息している。滋賀県立安土城考古博物館元副館長の大沼芳幸氏と滋賀県農政水産部水産課などが中心となって，これらの魚介類のうち，伝統的に食され，現在でも一定の資源量を有する特徴的な魚介8品目を選定して「琵琶湖八珍」と命名して売り出し，現地でそれらの料理を提供する店などにマイスターの称号を供するなど，多様な取り組みを行っているのである[12]。ちなみに，琵琶湖八珍とは，①ビワマス，②コアユ，③ニゴロブナ，④ホンモロコ，⑤ハス，⑥イサザ，⑦ゴリ（ウロリ），⑧スジエビであり（**写真4-1**），これらの食材を使った料理を提供す

る県登録のマイスター数が，2016(平成28)年1月時点で25店舗であったものが，2017(同29)年12月1日現在で108店舗へと激増している。

　ちなみに，琵琶湖八珍の発想のもととなったのは，著名な島根県の「宍道湖七珍」であることは言うまでもない。宍道湖は，面積 $79.3 \mathrm{km}^2$ の大湖であるが，中海に繋がる大橋川と松江市鹿島町恵曇と繋がる佐陀川(運河)で外海と連接しているため，富栄養の汽水湖であり，汽水を好む多様な魚介類が生息している。宍道湖七珍は，1930(昭和5)年に，新聞記者であった松井柏軒が中国西湖十景に倣って松陽新聞(現：山陰中央新報)に起稿した「宍道湖十景八珍」が始まりとされる[13]。その後の議論を経て，今日定着している宍道湖七珍は，①スズキ，②モロゲエビ(ヨシエビ)[14]，③ウナギ，④アマサギ(ワカサギ)，⑤シラウオ，⑥コイ，⑦シジミ(ヤマトシジミ)である(**写真4-2**)。これらも，観光を中心とする地域振興に大きく貢献している地域資源である。

　佐賀県には，先述のように，福岡県から長崎県に共通する玄界灘の魚介と内水面の魚介も特徴的なものが多いが，何と言っても有明海に，その独特な閉鎖的海洋環境がもたらす珍魚の類が豊富である。同じ有明海沿岸でも，佐賀・福岡県沿岸は，干潮時に古来の阿蘇火山灰に由来する泥質の干潟が延々と広がるのに対し，熊本や長崎(島原)沿岸では，礫混じりの砂浜が展開するといったように，海洋環境に違いがあり，内海奥部に位置する佐賀・福岡県沿岸こそが，いわゆる珍魚の揺り籠，その宝庫となっている。ただし，近年の海洋環境の悪化，例えば，流入河川の多くに建設されたダムや堰によって，内陸からの栄養塩類が遮断されて海に到達しにくくなっていること，諫早湾の干拓地から流入する大量の汚泥の海底蓄積，ノリ養殖時に使用される酸の影響，さらには地球温暖化の影響等々により，壊滅的な生息状況にあるものも多くなっている。

　有明海産の魚介が水揚げされる最も大きな市場が，福岡県柳川市にある「筑後中部魚市場」である。**図4-6**は，その最近5年間(2013〜17年)平均の月別の主要魚種別水揚量を示している。本図より，近年の有明海における主要漁獲を見る。まず，年総計で最も水揚げが多いのが近年中国への輸出需要が拡大しているアカクラゲであり，これは，7〜8月の爆発的な水揚げを中心に6〜12月まで水揚げされている。これに次ぐのがイイダコであり，夏場以外の秋から春にかけて水揚げされる。第3位はアカシタビラメ(クチゾコ)であり，冬から

4.5 '有明七珍'の勧め

写真 4-1　琵琶湖八珍の魚介類
① ビワマス　② コアユ　③ ニゴロブナ　④ ホンモロコ　⑤ ハス　⑥ イサザ　⑦ ゴリ（ウロリ）　⑧ スジエビ　※写真提供：滋賀県農政水産部水産課

第 4 章　伝統的魚介類食を育んできた佐賀県水産業

写真 4-2　宍道湖七珍の魚介類
① スズキ　② テナガエビ[14]　③ モロゲエビ（ヨシエビ）[14]　④ ウナギ　⑤ アマサギ（ワカサギ）
⑥ シラウオ　⑦ コイ　⑧ シジミ（ヤマトシジミ）　※写真提供：島根県水産技術センター

4.5 '有明七珍'の勧め

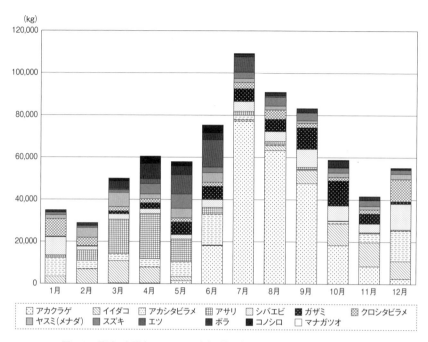

図4-6 最近5年間(2013～2017年)平均の有明海主要漁獲物の月別水揚量
筑後中部魚市水揚データ。

初夏まで水揚げされ，統計では6月と12月がそれぞれ水揚げのピークとなっている。第4位は，アサリであり，春3～5月が水揚げのピークとなっている。第5位はシバエビであり，6～1月，特に冬場がピークとなっている。第6位はガザミで，5～11月，特に秋口がピークとなっている。第7位はクロシタビラメで，冬場12～1月がピークとなっている。第8位はヤスミ(メナダ)で，春が水揚げのピークとなっている。第9位はスズキで，4～5月がピークとなっている。第10位はエツで，初夏，5～7月の魚である。第11位はボラで，春，3～5月にピークがある。第12位はコノシロで，春，4月の魚である。第13位はマナガツオで，初夏，6月の魚である。

　もちろん，市場に多く出回る魚介のことを珍魚とは言いがたいが，それでも比較的漁獲量が安定し，現在でも市場に出回って日常的，あるいは季節的に食することができ，なおかつ特徴的な魚介として，佐賀県有明海漁業協同組合な

どの助言を受けて，以下の7魚介，すなわち，'有明七珍'の選定を試みた（**写真4-3**）。以下，この有明七珍を個別に解説する。[15]

①**ムツゴロウ**　有明海のシンボル魚である。日本では，有明海と八代海のみに生息する。最大で20cm程になる。皮膚とエラ両方で呼吸できるため，干潟の上を自由にはい回ることができる。体色は褐色から暗緑色で，全身に白か青の斑点がある。両目は頭から突き出ていて周囲を広く見渡せる。また，威嚇や求愛の時には二つの背鰭を大きく広げて潟上を飛び跳ねる。夏が旬で，竹などで作った仕掛け（タカッポ）やムツ掛けで捕る。かつては精のつく盆魚としてかば焼などでよく食べられていた。

②**ワラスボ**　ムツゴロウと並ぶ有明海の珍魚である。ハゼ科の魚であるが，体長40cmに達するウナギ様の体と牙の並んだ大きな口に特徴があり，エイリアンフィッシュとも称される。春から秋にかけて，潟スキーに乗り先端が鉤になったナギナタのような道具で泥の中をひっかき回してとるスボカキ漁やアンコウ網などで漁獲されるが，近年漁獲が減っている。[16] 内臓を取って干物にし，火であぶったり揚げたりして食べる酒のつまみとなる。

③**エツ**　有明海湾奥で生息するエツは，植物の葉のようなとかナイフの刃のようなと称されるように平たく細長い形状をしている。初夏に産卵のために筑後川や六角川を遡上してくる。全長30cmを超えて銀鱗を輝かせる美しい魚であり，流し刺し網で漁獲される。小骨が多いので骨切りして，刺身や酢ぬた，から揚げなどで食される。

④**コノシロ**　全長25cmほど，中日本以西の内湾などに多く生息している。有明海でも比較的水揚げの多い魚であり，佐賀県は，熊本県に次ぐ生産をあげている。関東ではコハダと称し，有明海では一般にはツナシ，あるいはハビロなどと呼ばれる。投網，流し刺網，固定式刺網などで漁獲される。小骨が多いので骨切りして刺身，塩焼き，唐揚などで食される。

⑤**ガザミ（ワタリガニ）**　竹崎ガニに代表されるガザミは，有明海でも最重要魚介とされるが，近年これも減産が著しい。4〜9月が産卵期であり，卵を抱えたメスが漁獲される。なお，夏場にはオスが，冬場にメスが好まれる。おもな産卵場は，島原半島沿岸とされ，ここで越冬した稚ガニは，5月以降北上して佐賀県沖に戻ってくる。寿命が2〜3年であり，大きなものでは体長25cm

4.5 '有明七珍' の勧め

写真4-3 有明七珍の候補となる7種の魚介類
① ムツゴロウ ② ワラスボ ③ エツ[17] ④ コノシロ ⑤ ガザミ ⑥ シオマネキ ⑦ クチゾコ
（アカシタビラメ）※①〜⑦（②を除く）の写真は，佐賀県農林水産部水産課提供。

に達する。カニ刺網，カニかご，竹羽瀬（V字型に竹を建て込み，狭隘部に袋網を付けて魚介を取り込む伝統漁法）などで漁獲する。塩ゆでや鍋，味噌汁，刺身でも食べられる。

　⑥シオマネキ　河口域の泥質干潟に多い。オスは，片方のはさみが巨大化しており，6〜7月の繁殖期にメスを誘う求愛ダンスとして，はさみを上下に振る。このしぐさが，潮を招いているように見えることから名が付いたとされる。全高2cm，全幅3cmほど，手づかみや釣りで獲る。獲ったシオマネキの腹を除き，殻ごとすり鉢に入れてすりこぎですり潰し，塩，トウガラシで味を付けてしばらくねかせる（発酵させる）と，ご飯のおかずになる「ガン漬け」ができあがる。

　⑦クチゾコ（アカシタビラメ・クロシタビラメ）　中部日本以南の浅い内湾に広く生息している全長25cmほどの底魚である。春から夏が旬で，底曳網などで漁獲される。定番料理は，煮付けである。

　以上，有明七珍を個別に解説してきたが，有明海には，現在漁獲量が激減しているために，上記七珍に入れることのできなかった珍魚介類が，他にもたくさんある。例えば，佐賀有明海漁業協同組合HPで前海物（有明海産）として紹介されている魚介として，上記の他に，アゲマキ（貝），ウミタケ（貝），クマサルボウ（貝），コイチ（グチ：魚），シバエビ，シャッパ（シャコ），スズキ，スミノエガキ，タイラギ（貝），ハゼクチ，メカジャ（ミドリシャミセンガイ），メナダ（ボラ科：魚），ビゼンクラゲ，アサリがあげられている。

　上記の「有明七珍」の選定は，あくまで試論であり，今後，議論を重ねて広く一般に公認されるものになるよう精度を高めていくことができればと考えている。[18]合わせて，これら地元の貴重な財産である地域資源の活用を，さらに進めていくことで，地域振興の一助になればと願っている。

4.6　結　び

　本稿では，佐賀県水産業について，統計によって全体像を押さえた上で，各地漁港の性格を個別に把握することで，海域別の特徴を捉えた。さらに，佐賀県の水域の中でも特に個性的な有明海の珍魚介を紹介し，試論ではあるが'有

明七珍'を提唱した。研究の成果を以下のようにまとめることができよう。

1. 佐賀県が抱える水域として，北の玄界灘は，外洋性漁業と磯浜での採貝採藻など，唐津・伊万里両湾では，魚類・真珠養殖がみられる。一方，南の有明海は，日本最大の干満差を持つ内海であり，大潮時にはその差が6m，引き潮時に広大な干潟が出現する。多くの河川水が流入するために，内陸より豊富な栄養塩類がもたらされ，ノリ養殖を中心とする豊かな漁場環境を形成している。

2. 佐賀県の水産業は，面積の小さい県ということもあって，統計上上位にくるものは少ないが，特に有明海のノリ養殖業が，日本一の生産をあげて突出した存在となっている。

3. ノリ養殖史は，1955(昭和30)年以前(黎明期)には，天然採苗で生産量，質ともに他地域に劣る状態であった。これが，1956(昭和31)年に，人工採苗によって，安定した種の確保・供給が可能となると，佐賀県のノリ養殖大発展期を迎えることになる。しかし，過度の養殖により，漁場環境が悪化し，一時期生産が激減した。その危機を県全体の取り組みとしての集団管理体制で乗り切ると，その後も比較的安定し，生産を少しずつ増やして日本一へと上り詰めた。

4. 佐賀県には合計で46の漁港(うち，有明海側19漁港，玄界灘側27漁港)がある。漁港ごとの生産をみても，ノリ養殖を中心とする有明海の特に東部沿岸に漁獲・収穫の多い漁港が集中しており，多種類の水揚げがみられる玄界灘沿岸は，漁獲・収穫上少なくなっている。

5. 環境的に外界との接触が少ない湖沼や内湾には，地域独自に進化発展した，いわゆる珍魚の類が多くみとめられる。これらの水産資源を守りつつ，地域の伝統食材として活用していこうという取り組みとして，滋賀県の'琵琶湖八珍'や，その元祖的な取り組みである島根県の'宍道湖七珍'がある。筆者は，佐賀県の水域の中でも，閉鎖的環境下で，いわゆる珍魚介の多い有明海において，珍であり，なおかつ現在でも一定の消費がある魚介7種を選んだ'有明七珍'を提唱する。7珍とは，すなわち，①ムツゴロウ，②ワラスボ，③エツ，④コノシロ，⑤ガザミ，⑥シオマネキ，⑦クチゾコである。これらを活用した地域振興の方策も，先の先行事例地域を範とすれば，様々な取り組みを実施することが可能である。

近年では，佐賀県の水産業≒ノリ養殖業として語られる感があるが，実際には生産量は少なくなっても，玄界灘，有明海，内水面のそれぞれで多様な魚介類が生産され，それらが長年にわたって地域の伝統魚介類食を下支えしてきたことが理解された。

［付記］本研究には，2016年アサヒグループ学術振興財団研究助成金の一部を使用した。調査に当たっては，水産業に関する聴き取りを行わせていただいた佐賀県有明海漁業協同組合，聴き取りと合わせて写真を提供いただいた佐賀県農林水産部水産課，漁港データを提供いただいた同農山漁村課諸氏，琵琶湖八珍の写真・情報提供をいただいた滋賀県農政水産部水産課，宍道湖七珍の写真を提供いただいた島根県水産技術センターに厚くお礼申し上げます。

注

1) 五十嵐(2012)による。
2) 中村周作(1996)による。
3) 佐賀平野で正月料理に出される「フナのこぐい(フナんこぐい)」が，代表的な料理と言える。
4) 原図は，青野壽郎・尾留川正平編(1976)による。
5) 統計は，農林水産省(2017):「漁業・養殖業生産統計」による。
6) 太良町竹崎で獲れる「竹崎ガニ」(ワタリガニ)が，特に著名である。
7) ①園田十四三(1970)，②佐賀大学農学部農業経営経済学教室編(1979)，③川副町誌編纂委員会編(1979)，④川村嘉応(1995)，⑤中村周作 前掲2)，および現地聴き取り調査による。なお，本節の大部分は，拙著⑤をもとにしている。
8) 佐賀県農林水産部水産課における聴き取り調査(2016年10月7日実施)による。
9) 第1種漁港とは，その利用範囲が地元の漁業を主とするもの，第2種漁港は，その利用範囲が第1種漁港より広く，第3種漁港に属さないもの，第3種漁港は，その利用範囲が全国的なものと規定される(漁港法)。
10) 2016年10月7日，佐賀県農林水産部水産課野口浩介氏に対する聴き取りによる。
11) 佐賀県有明海漁業協同組合大浦支所における聴き取り(2015年9月8日実施)による。中村周作編(2016)。
12) 滋賀県ミュージアム活性化推進委員会編(2015)，大沼芳幸(2017)。
13) 馬場幸男(2006)。
14) 通常宍道湖七珍では，モロゲエビが採用されるが，島根県では生息数の少ないモロゲエビではなく，ヨシエビ(テナガエビ)を七珍の一としている。

4.6　結　び

15) 佐賀県漁業協同組合関係者に対する聴き取りを2017年3月23日に行った。また，有明七珍個々の解説は，おもに佐賀県有明海漁業協同組合ホームページによる。

16) 漁獲は減っているが，その独特の強烈な容姿から，ワラスボエキス入りの栄養ドリンクやインスタントラーメンなどを漁協直営店で売り出すなど，新たな消費展開がみられる。

17) 写真は，大川市企画調整課広報公聴係提供。

18) 試論ついでに言えば，内水面の魚介類，さらには，玄界の魚介類を加えて '佐賀○珍' も，多少風呂敷を広げすぎの感があるが，可能と言えば可能である。

文献等

青野壽郎・尾留川正平編(1976):「佐賀県総説」(『日本地誌20 佐賀県・長崎県・熊本県』)，二宮書店，p.11。

五十嵐勉(2012):「産業の基盤とその変容」(野沢秀樹・堂前亮平・手塚章編:『日本の地誌10　九州・沖縄』，朝倉書店)，pp.200-201。

大沼芳幸(2017):『琵琶湖八珍 湖魚の宴 絶品メニュー』，海青社，pp.1-196。

川副町誌編纂委員会編(1979):「水産業」(『川副町誌』)，川副町誌編纂事務局，pp.581-650。

川村嘉応(1995):「有明海の養殖漁業——ノリ養殖業を中心に——」(『平成7年度学術の成果を生かした内外地域間の交流モデル事業報告書』，日本学術会議，pp.112-116。

佐賀大学農学部農業経営経済学教室編(1979):『のり養殖業の経済分析——佐賀県川副町のり漁家経済実態調査——』，佐賀大学農学部農業経営経済学教室，pp.1-278。

滋賀県ミュージアム活性化推進委員会編(2015):『おいしい琵琶湖八珍 文化としての湖魚食』，サンライズ出版，pp.1-136。

園田十四三(1970):『佐賀有明海苔の歩み』，私書版，pp.1-273。

中村周作(1996):「有明海漁村における浅海水域利用の変容——佐賀県川副町のノリ養殖業を事例として——」，低平地研究5，pp.75-87。

中村周作編(2016):『宮崎大学経済地理学ゼミ 研究成果報告書——日南地理巡検および佐賀県太良町における研究成果——』，pp.1-258。

馬場幸男(2006):「水産談義古今東西-宍道湖七珍」，『日本水産学会誌』72-3，p.520。

佐賀県有明海漁業協同組合(2017):「前海もん(佐賀県有明海の海産物)」，同ホームページによる。

http://www.jf-sariake.or.jp/page/maeumimon.html。

農林水産省(2017):「漁業・養殖業生産統計」による。同省ホームページ，http://www.maff.go.jp/j/tokei/kouhyou/kaimen_gyosei/index.html。

唐津くんち 曳山の「鯛」

〈第5章〉

酒と魚　地域飲食文化を堪能する旅
──ドリンク＆イート・ツーリズム構想──

5.1　はじめに

　佐賀県内で長年にわたって培われ幾多の変容を遂げてきた地酒と，副食の主役であると同時に地酒に最高の肴でもあった伝統的魚介料理の組み合わせは，'地域飲食文化の粋'と言うことができる。佐賀県各地には，夕時の晩酌に供され，地域住民に愛されてきた昔ながらの地域飲食文化の粋が存在しているのである。しかしながら，いわゆる高度経済成長期の始まりから60余年を経た今日のローカルな地域にあっては，それらの技術的な担い手の超高齢化，地域基幹産業である農漁業や流通機構の変容・縮小からくる食材の入手難などの様々な要因によって，こういった誇るべき地域飲食文化が，まさに消失の危機にある。一度失われてしまうと復元することが大変困難なそれらの飲食文化を掘り起こし，その記録を残すことが，本書の大きな目的のひとつであった。

　しかしながら，地酒と伝統的魚介料理の記録を残すだけでは，それらの消失を食い止めることにはならない。伝統的地域飲食文化を今一度見つめ直し，その価値，魅力を再確認することで，住民が長年にわたって受け継いできた伝統文化，そして地域そのものに対する誇りを取り戻すことができる。同時に，地域の魅力を外にアピールすることで，他所からの誘客を図り，住民が主体となった地域おこしへとつなげていくことが肝要である。

　地理学の研究には，大別してテーマ，目的に沿って地域調査を行い，大きく言えば法則定立を目指す系統地理学と，詳細な地域研究を行う地誌学とが含まれる。いずれも緻密な地域実態調査を行うことで成果が実を結ぶものである。本著で言えば，佐賀県における飲酒嗜好の地域的展開(第2章)や，伝統的魚介類食の地域的展開(第3章)などが，地域研究の成果としての展開パターンの析出という地理的法則性を究明した研究事例と言えよう。

こういった特定地域に入っての集中的な調査活動こそが，地理学の本領発揮できる得意分野であるが，もうひとつ，現地をめぐりながら，その地域の特徴を把握，幅広い地理的知見を獲得する地理学の調査手法に「地理巡検」がある。地理学の学会の最終日には，ほとんどの場合，エクスカーション（地理巡検）が組み込まれている。地理巡検は，かつて学校遠足の延長的に半ばレクリエーション的なものとして語られることもあったが，地域研究の前段階として，巡検で得られた多様な地域情報が，大変役に立つのも事実である。また，NHKテレビ番組「ブラタモリ」でタレントが，地域をめぐりながら自然と人間活動とのかかわりを語り学ぶ，まさに地理巡検番組が人気番組となったことで，学びの手法としての地理巡検が定着してきたように思われる（ちなみに，この番組制作チームが，2010年に日本地理学会賞（団体貢献部門）を受賞していることは，一般にはあまり知られていないことかもしれない）。

本章では，まさに，この地理巡検の手法を使って，酒と伝統的魚介類食（魚）に関わる地域拠点をめぐりながら，時に地元の方々の昔語りに耳を傾け，酒・肴に関する技の数々を見聞し，伝統魚介料理を作り，味わったり，酒蔵をめぐって地酒に関する秘話や，その味をきいたりする。そして，夜には豊かな酒と肴。そこに行くことで初めて楽しむことのできる本物の地域文化の粋を堪能する。五感をフルにはたらせて地域の魅力を味わい尽くす旅を通じて佐賀県というコンパクトながら濃密な文化の凝縮した地域全体の魅力を再確認することができよう。

本章で取り上げる具体的な旅の行程は，1. 県東部鳥栖・基山地区から県央佐賀市周辺に至る旅，2. 県北唐津から東松浦半島をめぐり県西伊万里・有田地区へ至る旅，3. 県西を南の太良から鹿島，嬉野，杵島，さらに武雄へと北上する旅の3つである。各論に入る前に，まず，佐賀県にある酒と魚に関わる地域拠点について解説しよう。

5.2 酒と魚に関わる地域拠点

'工場見学ブーム'が言われて久しい。工場は，単にものづくりの現場というだけでなく，伝統工業におけるいわゆる匠の舞台であり，近代産業における一

大テーマパークでもある。技術の粋を体感し，さらにたとえば飲食関係の工場
であれば，試飲・試食まで楽しめて，工場内店舗でお土産まで購入できる。一
方で，受け入れる工場側でも技術を見せるだけでなく，製造工程を人目にさ
らすことで，製品の安心・安全の様を理解してもらい信頼を得ることができる。
工場見学は，企業・顧客双方にメリットを見出せる活動であり，そういった楽
しめる場へのツアーがブームになったのは，至極当然のことと言えよう。

　佐賀県酒造組合に所属する酒蔵は，計27社(2017年現在)ある[1)]。その中には，
比較的規模が大きく，焼酎を含む多種類の製品を製造しているところ，昔なが
らの清酒造りにこだわったところなど多様である(**表5-1**)。清酒蔵の場合，一
般には冬場11月ごろから仕込みが始まり，翌年2～3月頃までが酒造りの期間
となる。これに対して，イモ焼酎の場合は，収穫後4か月ほどが焼酎づくりの
時期に当たる。南九州の場合は，8月半ばからイモの収穫が始まるので12月
いっぱいが生産時期になるが，北部九州の場合，気候的に寒く植え付け時期が
夏にずれ込むため，秋に収穫仕込みの始まりということになり，清酒造りと時
期が重なることもあって規模の大きな酒蔵でないと生産が難しくなる。一方，
佐賀でも近年生産の増えているムギ焼酎は，原料の麦の保存が比較的容易なこ
ともあって年中操業が可能である。業者によって，酒蔵見学可能と謳っていて
も，時期によっては工場が動いていないということもあるので，見学時期には
注意が必要である。

　次に，魚に関する地域拠点についてみてみよう。先述のように，佐賀県では
漁業協同組合の合併が進んで，現在では2007(平成19)年に18漁協(諸富町，早
津江，大詫間，南川副，広江，東与賀，佐賀市，久保田町，芦刈，福富町，新有明，
白石，鹿島，鹿島町，浜町，七浦)が合併して発足した佐賀県有明海漁業協同組
合と，2012(平成24)年に8漁業協同組合(浜崎，唐津市，加部島，呼子町，鎮西
町，肥前，高串，波多津)が合併して発足した佐賀玄海漁業協同組合の2大組合
と，後者に属さなかった屋形石漁協(唐津市屋形石)，小川島漁協(唐津市呼子
町)，外津漁協(玄海町)，仮屋漁協(同)，大浦浜漁協(唐津市肥前町)の7漁協が
ある。他県では，漁協が運営する魚市場が各地産地市場を形成し，これに都市
の消費地市場を合わせて魚介供給の拠点が形成されることが多い。しかし，佐
賀県の特殊性として，有明海漁協が，ほぼノリに特化した漁協であり，独立し

表 5-1　佐賀県内の酒蔵

	蔵 元 名	所 在 地	代表銘柄	製 品	酒蔵見学
1	天吹酒造合資会社	みやき町東尾	天吹	清酒・焼酎など	○
2	合資会社基山商店	基山町宮浦	基峰鶴	清酒	
3	窓乃梅酒造株式会社	佐賀市久保田町新田	窓乃梅	清酒・焼酎など	○
4	大和酒造株式会社	佐賀市大和町尼寺	肥前杜氏	清酒・焼酎など	○
5	有限会社吉武酒造場	佐賀市川副町犬井道	御宴	清酒	
6	小柳酒造株式会社	小城市小城町上町	高砂	清酒	○
7	天山酒造株式会社	小城市小城町岩蔵	天山	清酒・焼酎など	○
8	東鶴酒造株式会社	多久市東多久町別府	東鶴	清酒	
9	鳴滝酒造株式会社	唐津市神田	聚楽太閤	清酒・焼酎など	○
10	小松酒造株式会社	唐津市相知町千束	万齢	清酒・焼酎など	○
11	合名会社樋渡酒造場	伊万里市大坪町乙	万里長	清酒	
12	株式会社田中酒造	伊万里市波多津町辻	弓取	清酒	
13	川浪酒造合名会社	伊万里市山代町久原	富士の雪	清酒	
14	松浦一酒造株式会社	伊万里市山代町楠久	松浦一	清酒ほか	○
15	古伊万里酒造有限会社	伊万里市二里町中里甲	古伊万里	清酒ほか	○
16	合名会社松尾酒造場	有田町大木宿乙	宮の松	清酒	
17	宗政酒造株式会社	有田町戸矢乙	宗政	清酒・焼酎など	○
18	中島酒造合資会社	江北町上小田	不老長寿	清酒	
19	井手酒造有限会社	嬉野市嬉野町下宿乙	虎之児	清酒ほか	○
20	瀬頭酒造株式会社	嬉野市塩田町五町田甲	東長	清酒	
21	五町田酒造株式会社	嬉野市塩田町五町田甲	東一	清酒	
22	矢野酒造株式会社	鹿島市高津原新町	肥前蔵心	清酒ほか	○
23	有限会社馬場酒造場	鹿島市三河内乙	能古見	清酒	
24	幸姫酒造株式会社	鹿島市古枝甲	幸姫	清酒ほか	○
25	合資会社光武酒造場	鹿島市浜町乙	金波	清酒・焼酎など	
26	富久千代酒造有限会社	鹿島市浜町八宿	鍋島	清酒	
27	株式会社峰松酒造場	鹿島市浜町乙	菊王将	清酒ほか	○

佐賀酒造組合HP「SAGASAKE」, http://www.sagasake.or.jp/main/。

た魚市場を持っていないこと，中心都市である佐賀市ですら消費人口規模が小さく，市内の消費地市場も，組織上福岡県市場に組み込まれていることがあげられる。したがって，主要な魚市場は，唐津の玄海漁協市場と佐賀市内にある九州魚市㈱佐賀魚市場（九州魚市㈱の本社は，福岡県北九州市小倉北区。2006（平成18）年に佐賀魚市場㈱を吸収合併）といったところである。

　これら酒と魚にまつわる拠点を中心に地域をめぐる本物の *Drink and Eat Tourism* の楽しい仮想の旅に，以下，読者の皆様をご案内しよう。

5.3 県東部鳥栖・基山地区から県都佐賀市周辺に至る旅

　旅のスタートは，佐賀県東端，福岡県域に突き出すような形で市域が広がる鳥栖市である。ここから国道34号線，旧路で言うと，古来の長崎街道をたどって佐賀市周辺に至る酒と魚にまつわる旅をご案内しよう(図5-1)。

　鳥栖市は，人口72,902人(平成27年国勢調査)，面積71.7 km²ある。佐賀県

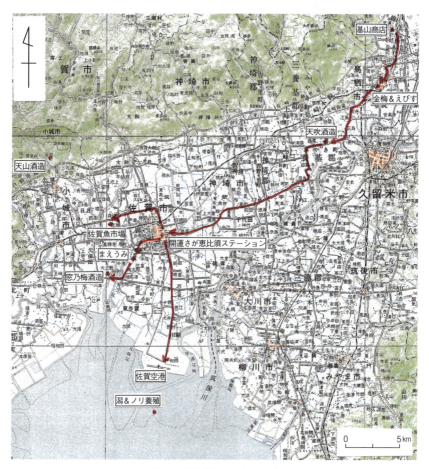

図5-1　酒＆魚旅ルートマップ
国土地理院発行の20万分1地勢図「福岡」「熊本」に経路情報を追記して掲載。

写真 5-1　鳥栖魚市場直営鮮魚店「金梅」
※許可を得て撮影。

でも佐賀市，唐津市に次ぐ人口規模があり，しかも直近5年間での人口増加率が5.5％と県内市町別で最高値となっている。これは，鳥栖市が福岡都市圏中の単なるベッドタウンではなく，県内で最も工業生産額が大きく，働く場がある職住兼備型都市として，着実に発展していることを意味している。ここには，伝統工業から近・現代工業へと見事な変貌を遂げた久光製薬などの製薬業の他，水田裏作で生産される小麦を使う日清製粉(2014年閉鎖)，ブリヂストン関連など，地域伝統に加えて高速ジャンクションや鉄道要地としての交通拠点としての利便性を生かした工業立地が著しい。

　当地は，内陸に位置していることもあって，海産魚介の入りにくいところである。ここには，魚介拠点として鳥栖魚市場(屋号金梅)がある。ただし，ここでは10年以上前にセリを取りやめており，現在では基本的に注文に応じて福岡魚市場や地元に近い筑後中部魚市場から品物を集めて出荷し，合わせて鮮魚店を経営している(**写真5-1**)。余談ではあるが，鳥栖魚市場は，現広島カープ監督の緒方孝市の実家として，地元ではよく知られている。[2]

　佐賀県は，先述のとおり'えびす県'である。鳥栖市の長崎街道田代宿沿いにも判明分だけで14のえびす像がある(**図5-2**，**写真5-2**)。魚と商売の神様であるこれらは，1903(明治36)年に移転新築された交通都市のシンボルである鳥栖駅の周辺に新たに商店が立ち並んだ際に商売繁盛を願って次々に祀られたも

5.3 県東部鳥栖・基山地区から県都佐賀市周辺に至る旅

図5-2 えびすマップ
田代宿周辺のえびす

①秋葉町 ダンディえびす
②秋葉町 セメントえびす
③東町 小びんちょえびす
④東町 線路守えびす
⑤東町 瞑想えびす
⑥本通町 天邪鬼えびす
⑦本通町 威風堂々えびす
⑧本通町 好々爺えびす
⑨京町 中央市場えびす
⑩京町 さすらいの赤えびす
⑪本鳥栖町 若大将えびす
⑫本鳥栖町 前掛けえびす
⑬本町 なかよしえびす
⑭養父町 十三えびす

鳥栖市観光協会
パンフレットより。
(許可を得て掲載)

写真5-2 ⑭十三屋酒店のえびす

のという。当地では，えびすをめぐるウォーキングイベントも開催されるほど，住民に愛される神様である。[3)]

　鳥栖市に北接する三養基郡基山町は，人口17,501人(平成27年国勢調査)，面積22.2 km²，福岡市や久留米市の郊外ベッドタウンとして発展してきたが，住宅団地建設も一段落し，国勢調査結果では2000(平成12)年の19,176人をピー

クに減少に転じている。ここも，古い宿場や農村が，交通上の利便性を生かして工業化・住宅地化で様変わりした地域と言えよう。

鳥栖・基山地区唯一の造り酒屋が，銘柄「基峰鶴」の合資会社基山商店である。2017(平成29)年2月22日に，聴き取り＆酒蔵見学調査をさせていただいた。

基山商店「基峰鶴」で聞きました

小森綾子さん(46歳)，小森賢一郎さん(37歳)／2017年2月22日(水)

お話を伺った綾子さんと賢一郎さんは，現社長である小森純一さん(74歳)のご息女ご子息，後継者である。基山商店は，現在町中になっているが，かつては長崎街道沿いに位置する交通至便の地ではあったが，周りは米作りの農業地帯であった。明治初期に稲刈りが終わった農家の人々が集まって酒を造ったのが始まりで，その後酒蔵は，小森酒造場，さらに大正9(1920)年に合資会社基山商店となって，現社長で3代目，創業より100年を超える老舗である。店舗をはじめ蔵には，明治，大正期の建物が並び，歴史と伝統の重みが感じられる。

綾子さんは，福岡で就職結婚していたが，2年半前に帰郷，本社の営業を担当される基山商店の顔である。賢一郎さんは，一人息子としての期待を受けて，東京農大醸造科を卒業後，奈良葛城市の老舗「梅乃宿」にて1年半修業して24歳で帰郷した。蔵には，長年勤めてくれた杜氏(いわゆる肥前杜氏)がおり，そのもとで酒造りを学んできた。社長の純一さんは，地元の名士であり，平成16(2004)年から3期12年というから平成28(2016)年まで町長を務められた。公務多忙のため，造り酒屋の廃業も考えたが，賢一郎さんの酒造りに対する情熱に加え，綾子さんが帰ってサポート体制ができたことで何とか持ち直して，高齢であった杜氏さんが退職された3年前から賢一郎さんが杜氏となって現在に至っている。ちなみに，現在は製造に関して蔵人を2人雇っているが，季節労働のため人材確保が悩みの種である。

今は，蔵元が杜氏として，どのような酒を造るのかを主張する時代という考えを持って酒造りに取り組んでいる。かつて普通酒を中心に造っていた時代，杜氏の主張は，感覚的であるが男らしい，味が山なりにとがった，強い，アルコール感がツンとするといったものであり，こういった酒が地元で受けてきた。今，賢一郎さんが造っている純米酒の主張は，味がとがらずに，山なり，ふっときれいに口に入ってうまみ甘みが口中に広がり，後すっと切れがいいといった感じである。どうしても日本酒は，食中酒であり，インパクトの強

写真 5-3 ①長崎街道に沿う基山商店の外観 ②発酵中の醪 ③おしゃれな蔵開き会場入り口 ④蔵開き会場内

すぎる酒は食事に合わせるのがむずかしいと思う。その意味で，今はやりのはなやかで主張の強い酒はいまいちだと思うし，伝統の味を守りながら自分の思いを伝えていきたいという熱のこもった話を聞くことができた。

　酒のもととなる水は，脊振山系の伏流水を地下70mから汲み上げている。米は，現在9割以上が県産米で，「山田錦」，「レイホウ」が主体，岡山産の「備前雄町」も，コアなファンがいるので使っているし，最近導入した北海道産の「きたしずく」も評判がよかった。温暖化によって，九州ではやがて山田錦が作れなくなるのではないかという危機感があって，いろんな原料米を試しながら使っている。現在の販売は，普通酒6割，特定名称酒4割であるが，普通酒は10年ほど前から製造を取りやめ，県内企業から融通してもらって基峰鶴の名で出荷している。今は，特定名称酒一本にかけている。この他，日本酒ベースの梅酒がある。粕取り焼酎も昔作っていたが今はない。製造量は，350石弱（約63kℓ）。毎年10月半ばから仕込みが始まり，4月初旬に甑倒し，5月初めまでしぼり作業が続く。

　流通販売をみると，地元消費は圧倒的に普通酒であり，特定名称酒は特約

店が約30(内訳は，佐賀県内10軒，首都圏10軒，関西5〜6軒，福岡県4軒，北海道1軒)あって直接販売している。今後，特約店を増やしていくことが課題である。また，量に限りがある点も問題であるが，1〜2％が輸出用で，フランスへ出しているが，今後アメリカ進出も目指している。

　2月の半ばから下旬にかけて，蔵開きと称して蔵の建物を1棟夕方17時から19時まで開放，地元の馴染み客が500円を払って新酒を飲みに集まって来る。基山商店は，世界を視野に入れながら，地元にしっかりと根を下ろした老舗酒屋である。

●三養基郡みやき町へ

　みやき町は，鳥栖市に西接する町，2005(平成17)年に中原町，北茂安町，三根町が合併してできた町で，旧北茂安に町役場を置いている。人口25,278人(平成27年国勢調査)，面積51.9 km^{2}ある。昔ながらの田園地帯ではあるが，久留米市に近い町東部に新興住宅地，主要道路沿いに工業地が展開している。県道22号線沿いに老舗の酒蔵である天吹酒造がある(写真5-4)。

写真5-4　天吹酒造外観

●佐賀市へ

　県都佐賀市は，人口236,372人(平成27年国勢調査)，面積431.8 km^2，いわゆ

写真5-5　安福寺から望む白石・佐賀平野干拓地

る平成の大合併で，2005(平成17)年に佐賀市と大和町，富士町，諸富町，三瀬村が合併，さらに2007(平成19)年に川副町，東与賀町，久保田町を合併して現市域となった。広大となった佐賀市域は，北に筑紫山地，佐賀平野北部が自然陸化した平たん地，さらに平野南部には，中世以来の干拓地が，佐賀市から鹿島市に至る有明海沿いに広く展開している(写真5-5)。佐賀の歴史は，米作りのために浅海を干しあげてきた干拓の歴史と言っても過言ではない。

佐賀は，昔からの酒どころであり，同時に引き潮時に潟の広がる前海(有明海のことを佐賀ではこう呼ぶ)の特徴的な魚介料理が愛されてきた町である。その中でも特に愛嬌のあるムツゴロウは，佐賀のシンボルとなっている(写真5-6)。

佐賀の魚介料理にふれる前に，市民の台所，魚介供給を担う九州魚市

写真5-6　町のムツゴロウモニュメント

佐賀魚市場をのぞいてみよう(写真5-7～10)。調査は2017(平成29)年2月23日(木)である。未明の午前5時に魚市場に出向いて観察および聴き取り調査を行った。まずは，当日，全国各地から運ばれて市場に揚がっていた魚介の数々を紹介しよう。「魚市場は，魚介のワンダーランド!!」ちょっとした水族館並みのワクワクに出会えること請け合いである。

写真5-7　佐賀市鍋島町の九州魚市佐賀魚市場の外観

写真 5-8　セリの様子

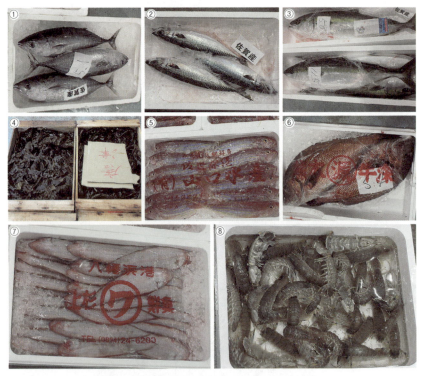

写真 5-9　九州魚市佐賀魚市場で売られる魚介類 その1
① 玄界産のヨコワ　② 同サバ　③ ブリ　④ ワカメ　⑤ 佐世保産イトヨリ　⑥ 牛深産マダイ
⑦ 有明ならぬ八幡浜産のアカシタビラメ　⑧ シャコ

5.3 県東部鳥栖・基山地区から県都佐賀市周辺に至る旅

写真5-10　九州魚市佐賀魚市場で売られる魚介類 その2
① 青森産　ホタテ　② 中国産アサリ　③ 千葉産アサリ　④ 宍道湖産のシジミ　⑤ 韓国産のヒラメ　⑥ サケ　⑦ エバ

┈┈ **九州魚市㈱佐賀魚市場で聞きました** ┈┈┈┈┈┈┈┈┈┈┈┈┈┈┈┈

　　馬場﨑栄次さん(市場長)，岩本範明さん，中西 豊さん／2017年2月23日(木)
　当市場には，もともと長崎産の魚が中心に入っていたが，今は唐津，松浦，福岡，長崎のまき網物(おもにアジ，サバ)や柳川の筑後中部市場から地物(有明産のクチゾコ(アカシタビラメ)，イイダコ，エビなど)が入荷してくる。地物としては，もともと貝類が多かったが，ウミタケやアゲマキ，タイラギも入らなくなった。今，タイラギは韓国からの輸入物が多い。クチゾコも八幡浜産が入ってくる。ムツゴロウは，串刺しにして炭焼きの状態で入る。ワラスボもほ

とんど入荷しない。そのほか，鳥取，島根のカレイやブリ，下関のアカムツやイカ，千葉のサンマ，イワシ，キンメダイもこの2年で入るようになった。ちなみに，2016年統計をみると，市場取扱品目として量的に最も多いのが養殖マダイ（全体比の12.6％），次いで養殖カンパチ（同8.0％），マアジ（同6.2％），アサリ（同4.8％），カキ（同3.5％），養殖サーモン（同2.7％）などとなっている。

　魚が一番売れたのは，1996（平成8）～1998（平成10）年頃のバブル期で，景気がよく接待も多かったが，今は自粛が叫ばれているし，'魚離れ'で魚介需要も減少してきた。

　佐賀魚市場は，公設民営の市場であり，大手仲卸業者のいない全国的にみても珍しい市場で，大手スーパーや小売商が直接セリに参加する形を取っている。ちなみに，市場掲示の参加業者は89件あった。2006（平成18）年に北九州魚市場（九州魚市に名称変更）が吸収合併して完全子会社となった。九州魚市は，北九州と佐賀，別府に市場と福岡市に事業所を持っている。

　魚市場は，日曜祭日が休みで，通常であれば，セリが，第1回目午前5時30分，2回目6時30分，3回目7時15分からの3回，許可を得て見学することができる。

●有明海のノリ養殖風景

　有明海は，日本最大のノリ養殖地である（**写真5-11**）。しかも，いわゆる高級ノリ生産に特徴がある。質の高い有明ノリの生産風景も，当地ならではと言えよう。温暖化の影響もあって，かつて10月初旬の種付けから始まり，年内の摘み取り（秋芽網），年を越しての冷凍網の敷設，摘み取りで3月いっぱい続いていた養殖作業も，今は10月下旬に始まって4月までとずれ込んでいる。

写真5-11　大詫間早津江川河口の港とノリ摘みの様子

●前海の食材提供

佐賀有明海漁協直販所「まえうみ」(佐賀市光)には,有明海の特産物であるノリに始まり,いわゆる珍魚,珍加工品が並ぶ(**写真 5-12・13**)。掲載に関するお店の許可を得て,商品を紹介しよう。

写真 5-12 「まえうみ」でみられる様々な食材 1
① まえうみ直売店　② 店内掲載の大漁旗　③ 干しワラスボ　④ ワラスボエキス入り栄養ドリンク　⑤ ワラスボラーメン　⑥ ムツゴロウラーメン

写真 5-13 「まえうみ」でみられる様々な食材 2
① ノリ入り麺類　② エツの南蛮漬け

● **前海料理の提供　居酒屋ふるかわ　古川則雄さんご夫妻**

　佐賀でも唐津でも，魚料理ならここだよと皆さんが口をそろえて紹介してくれる居酒屋「ふるかわ」（佐賀市愛敬町），ほぼ満席のところ，直前予約でご迷惑をおかけしました。あじのある料理を出してくれるあじのあるご主人と気丈闊達な奥様，いかにも佐賀らしいお店でした（**写真 5-14**）。

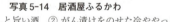

写真 5-14　居酒屋ふるかわ
① 付け出しと旨い酒　② がん漬けをのせた冷ややっこ
③ 干しエツ　④ 古川さんご夫妻

● **佐賀の酒**

「窓乃梅酒造」で聞きました

古賀醸治社長／2017 年 3 月 22 日（水）

　佐賀市内には，現在 3 つの酒蔵がある。佐賀市久保田町にある窓乃梅酒造は，佐賀県でも最古に当たる創業 1688（元禄元）年という老舗である。社長の古賀醸

治氏は13代目，御年68歳で，現在佐賀県酒造組合会長を務められる業界重鎮であり，一企業人というよりも，佐賀県酒造界全体を見通したお話をいただいた。

　佐賀県内の酒は，地域によって味が違う。20年ほど前にテレビ局が調べたところでは，鹿島・武雄地区の酒は甘く，唐津・伊万里地区はやや甘口淡麗，佐賀地区はやや辛口，神埼・鳥栖地区は甘め，県全体として甘いお酒が特徴である。もっともこれは，普通酒（上撰）に関する味であり，現在各酒蔵が力を入れている特定名称酒は，味，香り，旨みがあって，東北・北陸の淡麗辛口と違う味わいがある。

　佐賀県内には，古賀氏も出られた東京農大醸造科出身の蔵元が10軒ぐらいあって，横のつながり，情報交換がうまくいく。もっとも，青年部を組織するそれ以外の蔵元とも皆仲が良く，互いに切磋琢磨してよい酒を造ろうという意欲がある。代表的な特定名称酒である純米大吟醸も，県内では窓乃梅が最初，1976（昭和51）年頃から造り始めたが，当時の酒のランクでは，級外ということで，非常に高価な2級酒扱い，販売に苦労したとのことである。

　杜氏の代替わりに伴う技術継承や手をかけるべきところを残して，他の部分を機械・省力化するなど努力してきた。現在は，12月仕込み開始で4月までしぼり作業を行う清酒を1,000石，4月から仕込んで11月まで製造を行うムギ焼酎も1,000石の計2,000石を生産し，年中操業化している。

写真5-15　窓乃梅酒造㈱と社長の古賀醸治氏

酒販小売店他

　聴き取りアンケートで大変お世話になりました。ここでは，お世話になった26件中わずか2件の酒屋さんと，今回訪問できませんでしたが，小城の老舗酒蔵を紹介します（**写真5-16**）。

写真 5-16　小城の老舗酒蔵
①原岡酒店店内（鳥栖市）　②山田酒店（佐賀市）　③山田酒店陳列棚　④小城の老舗天山酒造外観

● 佐賀市のえびす

　第1章で述べたように，佐賀市内には，2015（平成27）年時点での判明したものだけで，828体ものえびす像が，町の角々に鎮座している。しかも直近3年間でも5体増えているなど，ますます増殖中なのである。町では，官民あげてえびすによるまちおこしに取り組んでいる。その活動の拠点が，市内呉服元町にある「開運さが恵比須ステーション」である（**写真 5-17**）。建物内に掲示されていた佐賀城下絵図にもえびすを示す無数の赤点が記されている（**写真 5-18**）。とにかくめでたいえびす様に敬意を表したい。

写真 5-17　開運さが恵比須ステーション

写真 5-18　佐賀城下絵図
図中の赤点がえびす石像の分布を示している。

5.4　唐津およびその周辺地域をめぐる旅

　2つ目の旅は，県北の中心都市唐津から始めよう。唐津の魚の拠点である魚市場で魚介見学を楽しみ，当地最大の祭りである唐津くんち，それ自体が魚介類を模した鯛，亀，鯱，飛龍などを曳き出しての祭りであり，魚と酒で祝うハレの祝い料理が供される。この後唐津およびその周辺の造り酒屋に出向き，さらに山の料理，また，玄武岩の柱状節理や海食洞が見事な七ツ釜，漁業拠点である呼子をめぐる旅にご案内しよう（**図5-3**）。

　唐津市は，人口122,785人（平成27年国勢調査），面積487.6 km^{2}ある。2005（平成17）年に唐津市と東松浦郡浜玉町，厳木町，相知町，北波多村，肥前町，鎮西町，呼子町，翌年七山村を合併して現市域に至っている。同じ佐賀県といっても，歴史的に江戸時代，肥前藩とは別個の唐津藩を成していたが，大名の転封が続き，6家目の小笠原氏が1817（文化14）年に6万石の石高で入封して，幕

図 5-3　酒 & 魚旅ルートマップ
国土地理院発行の 20 万分 1 地勢図「唐津」「福岡」に経路情報を追記して掲載。

末まで治めた。大名の配置換えが続くということは、今にたとえると、転勤族サラリーマン大名の治める地であり、地に根付いた強力な支配が及びえず、城下町人を中心とした自由闊達な気風が唐津人の特徴と言われる。その点で、肥前藩鍋島家の支配が続き、秩序と安定を守ることで、ひたすら地道な気風を持つとされる佐賀人とは対照的であり、佐賀と唐津の間には、政治・経済・文化的にも壁があると言われる。

　旅の始まりは、唐津の魚介供給を担う佐賀玄界漁業協同組合魚市場を覗いてみよう。取材日は、2017(平成29)年2月20日、前日の22時に宮崎を出発して、魚市場に到着したのは、午前2時30分であった。

5.4 唐津およびその周辺地域をめぐる旅　　　　　　　　　135

◉唐津漁港 ミニ水族館へご案内（写真 5-18〜22）

写真 5-18　水揚漁船が続々帰港（左），隣はまき網船専用港（右）

写真 5-19　唐津漁港で見られる魚たち　その1
① 水揚げされたブリ　② サワラ　③ カサゴ　④ アジ　⑤ コウイカ　⑥ ナマコ

第5章　酒と魚　地域飲食文化を堪能する旅

写真5-20　唐津漁港で見られる魚たち その2
① ヒラメ　② サザエ　③ アワビ　④ ヒジキ　⑤ ワカメ　⑥ 茎ワカメ　⑦ エソ　⑧ シタビラメとカレイ

写真 5-21 唐津漁港で見られる魚たち その3

① サバ ② ケンサキイカ，他にもハモ，クロ(メジナ)，フグ，ウニ，いけすにマダイ，アンコウ……見所いっぱい．

写真 5-22 セリの様子とセリ終了朝の魚市場外観

⋯⋯佐賀玄海漁業協同組合市場で聞きました⋯⋯⋯⋯⋯⋯⋯⋯⋯⋯⋯⋯⋯⋯⋯⋯⋯

市場長 宮崎安弘さん／2017年2月20日(月)

玄海漁協の水揚げを平成28(2016)年の統計よりみると，1位がアジ(全体比の19.9%)，2位がイカ類(同12.4%)，3位タイ(10.2%)，4位サワラ(6.3%)，5位貝類(5.8%)，6位サバ(4.1%)，7位ブリ(3.7%)，8位イワシ類(3.5%)などとなっている．

当漁協は，平成23(2011)年に玄界8漁協が合併してできた．セリに参加する仲買人は80人，ただし毎日来ているのは30人，大手は10件ほどである．「地元の魚をその日のうちに消費者へ届ける」がモットー．漁業は，後継者不足が課題で，県とも協力して色々対策を取っている．魚の値を上げる努力が必要とのことであった．

唐津の名物には，様々なものがある。市代表的なランドマークである唐津城(**写真5-23**)は，海に突き出た満島山に，最初の殿様であった寺沢氏が築いた(もっとも，現在みられる天守閣は，1966(昭和41)年に作られたもので，江戸時代を通じて天守閣はなかったとされる)。そして，

写真 5-23　鏡山から望む唐津城と街並み

唐津商人の気性を如実に表す盛大なお祭りが唐津くんち(ユネスコ文化遺産)である。壮大な唐津くんちと祭りの際に客人に供される魚料理を中心とするハレのご馳走を紹介しよう。

● 唐津くんち(唐津神祭)

取材は，2016(平成28)年11月2日〜3日，唐津くんちの宵山とお旅所神幸である。管理栄養士の瀧下淳子氏に全面的にご協力をいただいた。

❶ 11月2日(水)宵山　取材 19:00〜(**写真 5-24〜26**，22時まで取材)
❷ 11月3日(木)お旅所神幸(**図 5-4**)
❸ 9:30　唐津神社前より　お旅所神幸出発(**写真 5-27〜29**)

写真 5-24　唐津くんち宵山の様子　その1
① 宵山を前に気分も昂る材木町町衆(瀧下家の面々)　② 1番曳山　赤獅子(刀町)から
(②写真提供：唐津観光協会)

5.4 唐津およびその周辺地域をめぐる旅

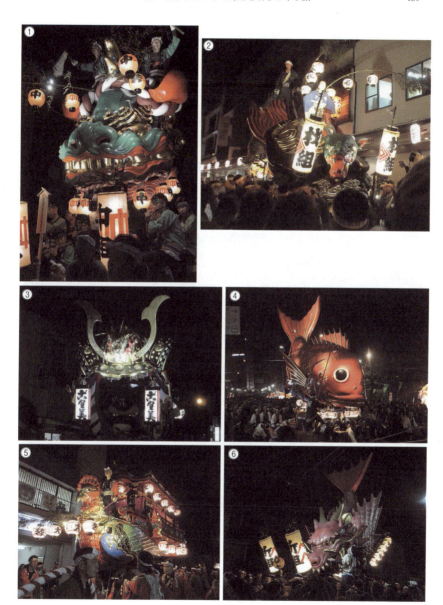

写真 5-25 唐津くんち宵山の様子 その2
① 2番曳山 青獅子(中町) ② 3番曳山 亀と浦島太郎(材木町) ③ 4番曳山 源義経の兜(呉服町)
④ 5番曳山 鯛(魚屋町) ⑤ 6番曳山 鳳凰丸(大石町) ⑥ 7番曳山 飛龍(新町)
(①④写真提供:唐津観光協会)

第5章　酒と魚　地域飲食文化を堪能する旅

写真5-26　唐津くんち宵山の様子　その3
① 8番曳山　金獅子（本町）　② 10番曳山　上杉謙信の兜（平野町）　③ 11番曳山　酒呑童子と（京町）源頼光の兜（米屋町）　④ 12番曳山　珠取獅子
（②③④写真提供：唐津観光協会）

5.4 唐津およびその周辺地域をめぐる旅

図 5-4　曳山巡行コース（唐津くんちパンフレット）
唐津観光協会より許可を得て掲載。

写真 5-27　唐津くんち「お旅所神幸」の様子 その1
① 金獅子神幸中　② 9番曳山　武田信玄の兜（木綿町）　③ 青獅子　④ 亀と浦島太郎

第 5 章　酒と魚　地域飲食文化を堪能する旅

写真 5-28　唐津くんち「お旅所神幸」の様子 その 2
① 13番曳山　鯱（水主町）　② 鯱の下には子供たち　③ 唐津神社宮司さんの車　④ 鯛　⑤ 鳳凰丸
⑥ 行列は続く　⑦ 観光客で黒山の人だかり　⑧ 12：00 お旅所到着

5.4 唐津およびその周辺地域をめぐる旅

写真 5-29　お旅所に並ぶ曳山
祭りもクライマックスです。

◉くんち料理

くんちでは，来訪客をもてなすために，様々なご馳走が用意される。ここでは，魚・肴料理を中心に紹介しよう。

❶ 11月2日 前日作業：くんち料理と言えば，まず，アラの姿煮。前夜から煮て準備します（**写真 5-30**）。

写真 5-30　アラの姿煮用の特性鍋？
七輪を2つ並べて煮ます。唐津市立佐志小学校田口正樹校長先生宅にて。

❷ 11月3日 10:30 田口家へ（**写真 5-31〜34**）。

第5章 酒と魚 地域飲食文化を堪能する旅

写真5-31 田口家にて準備中　　写真5-32 前日煮ていた見事なアラ

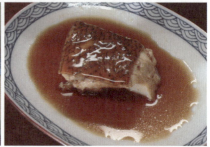

写真5-33 お忙しい中，早速切り分けていただきました。感謝！

写真5-34 田口家で供されたご馳走いろいろ
①タイの塩釜焼きも名物　②オードブル　③牛たたき　④サラダ　⑤タイとイトヨリの酢漬け
⑥デザートの巨大プリン

❸河内野家へ移動（11：10）（**写真 5-35**）。

写真 5-35　河内野家にて
① ご馳走準備中　② 刺身盛り ヒラメやクジラ…　③ いなりにノリ巻き④ クジラの竜田揚げ他
⑤ くんち用醤油　⑥ 小道具もいろいろ

❹花島家へ移動（11：30）（**写真 5-36**）。

写真 5-36　花島家での宴　その 1
①祭り装いの花島家　②そろそろ宴がはじまりそうです　③アラの姿煮　④サザエのつぼ焼き　⑤大量の茹でツガニ（モクズガニ）　⑥裏返すと上がオス，下がメス　⑦シイタケ，タケノコ他の卵とじ　⑧キュウリ漬け

❺瀧下家へ移動（12：00）（**写真5-37**）。

写真5-37　瀧下家での宴
①タイやヒラメの刺身盛り　②魚と野菜の煮物　③塩釜焼き割って身を取り分け　④祭りには地酒「太閤」

唐津の皆様，大変お世話になりました。

読者の皆様，美味しい旅を堪能いただけたでしょうか。

◉唐津の酒蔵

唐津文化の大黒柱 鳴滝酒造「太閤」で聞きました

古舘正典さん（50歳）／2017年2月21日（火）

　社長の古舘正典さんは，4人兄弟の2番目で後を継ぐ立場ではないと考えていたので，教育関係に強い筑波大学を卒業後，東京で4年間教員をしていたが，親の希望で急遽帰って後を継ぐ形になった。その後，半年間，当時本社と資本提携していた大手中央メーカーの大関で研修を積んでから自社の運営に携わっている。

　本社のもとになった太閤酒造（銘柄；太閤）は，江戸時代中期の創業宝永2（1705）年ということで，今年で312年目になる。現在の鳴滝酒造は，太閤酒造と東西酒造（唐津市；銘柄「冨久花」），中島酒造場（鹿島市；銘柄「君恩」）の3社が

合併して昭和49(1974)年にできた。会社立ち上げに当たって酒蔵の場所を新たに探す，具体的にはよい地下水の出る場所を探して市内15～16カ所井戸を試掘して水の分析をした結果，現在地である神田お茶の水に蔵を建てることになった。お茶の水という地名は，古くは朝鮮出兵で名護屋に陣を張った豊臣秀吉が，千利休に茶会を開かせた時に求めた水を汲んだことに由来する地名であり，江戸時代になっても，唐津の殿様が催す茶会の水として使われてきた地元でよく知られる名水の地である。

　新会社設立時は，高度経済成長期の最中とは言え，清酒消費量が徐々に減ってきて，地方の造り酒屋には厳しい時代であったが，本社は，新工場に当時最新の大規模設備を導入して大量生産を目指し，設立時1万5千石(2,700 kℓ)という九州最大の生産をあげていた。というのは，当時はまだ，中央メーカーによる桶買いが盛んに行われていた時代であり，立ち上げた頃には，生産の9割が西宮の大関に出荷され，自社銘柄での出荷は1割に過ぎなかった。その後，徐々に桶売りを減らして5年前に桶売りをゼロにした。現在の生産量は，2,200石(396 kℓ)となったが，機械施設は，1万5千石の大型生産設備そのままであり，少量生産上効率が悪いという問題点がある。造っている酒も，かつての普通酒9割の時代と変わって，全国的な傾向に合致するように特定名称酒の割合を増やしてきた。ただ，現在でも普通酒7割，特定名称酒3割と，前者の生産が際立って大きい。社長によると，近年もてはやされる純米大吟醸に代表される特定名称酒は，値段も高いハレの酒である。これに対し，普通酒は，日常酒として長年地元に定着してきたものであり，郷土料理にあう食中酒として地域飲食文化の伝統を担ってきた。自社としては，地域の酒として，伝統文化の象徴でもある普通酒をこれからも大事にしていきたいというこだわりがあるとのことであった。

　譜代大名が何代も入れ替わった唐津という土地柄，昔から東京志向が強く，中央メーカーの酒をありがたがる風潮があった。そういった中，生産量を減じてきた鳴滝酒造では，地元への密着を強めていくことで，地域の文化，そして地域市場を堅持する方向に舵を切ってきた。現在地元唐津での消費が生産の85％，残りの15％を佐賀，福岡，東京市場に出している。また，一部フランスやホンコンなどへの輸出も県の補助事業を使って行っており，県外への移・輸出も増やしていきたい。ちなみに，佐賀県の酒蔵は，とても仲がよく，輸出に当たっても皆で力を合わせて取り組んでいる。

　ありがたいことに，地元で「太閤」を大事にし，毎月飲み会を企画して集まる「太閤会」が46年前に結成され，現在も200名近くの会員を抱えている。こ

の会は，会員が運営し，会社としては，裏方的サポートを行っている。ちなみに，現在の2代目会長は，唐津でガソリンスタンドを手広く経営している社長の小中高校時代の同級生がやってくれている。こういった会の活動もあって，地元の祭りでは太閤以外の酒はもらっても受け取らないといったこともよく聞く。唐津の外向きの住民性も，外に出たい人材が出尽くしたせいかもしれないが，いつのまにか内向き志向に変わり，最近の唐津っ子は，皆唐津大好きと言う。これが唐津イコール太閤大好きであってほしいというのが本社の願いである。

　製造に関していうと，もともと酒の販売を社員で，製造を杜氏・蔵人に任せてきたが，季節労働者である蔵人の確保がむずかしいため，3年前から製造に社員を加えてきたが，再来年からは，社員のみで製造も始める予定である。現在の生産の内訳は，清酒95％，焼酎3％，梅酒2％である。焼酎では，伝統的な粕取り焼酎も造っている。清酒を絞って残る酒粕は，一部は粕漬け，奈良漬けなどに使われるが，残りはアルコールがかなり含まれているため，肥料としても使えない。この酒粕に水を加えて再発酵させ，籾殻を混ぜて蒸留すると，粕取り焼酎ができ，籾殻入りの残りを肥料として使うことができる。もともとは，地元の農家が，農閑期に酒屋の軒とせいろを借りて自分たちで造り，肥料を造るとともに，夏にハチミツを入れて飲んでいたという。現在生産量は少ないものの，そういった伝統を受け継ぐ焼酎も造っている。

　鳴滝酒造は，地域にあって地域とともに生きていくことを選択した唐津文化の大黒柱なのである。

写真5-38　昔ながらの巨大タンク

写真5-39　古舘社長さんとご一緒

●唐津周辺の旅　山の手，唐津市七山地区へ

唐津中心市街から東へ30分ほど車を走らせると，同市七山地区に到着する。

七山まで山間に入ってくると，伝統的魚介料理としての海物は少なくなってくるが，調査上当地区(旧七山村)が，最高値を示した，すなわち，当地区でよく食べられている料理が「だぶ」であった。そこで，2016(平成28)年12月2日に取材を行った。お作りいただいたのは，徳田裕子さん。七山で昭和63(1988)年から「鮎の里」という農産物直売所兼食堂を運営されている。**写真5-40～43**

写真5-40　だぶの材料

カマボコ，タケノコ，揚げ豆腐，凍りコンニャク，レンコン，干しシイタケ，ニンジン。それぞれ細かく切る。ハレの料理として，祝い事には四角く，忌み事には三角に具を切るそうです。

写真5-41　コンブとシイタケ，カツオ節で取ったダシに具を順次投入。

砂糖，薄口しょうゆ，ミリン，酒で味を付けて花麩を入れてできあがり。

写真5-42　大皿に盛ったところ

写真5-43　薄味でとても優しい

美味しくいただきました。感謝！

は，その取材報告である。

　ちょっとびっくりしたことは，文献採取地は，七山のお隣の現唐津市浜玉町で，ここは，臨海ということもあって，具の最初に一口大に切った白身魚が出てきたのであるが，七山のだぶには，魚が使われない。あえて言えば，ダシを取るコンブ，カツオ節と具のカマボコが使われているのだが……。ところ変われば品変わるということであろう。

●唐津周辺の旅　唐津市相知町の酒蔵へ

　唐津中心市街から南へ車を30分ほど走らせると，相知地区（旧相知町）に到着する。ここの老舗酒蔵小松酒造現当主は，廃業寸前のところを見事に立ち直らせた佐賀酒造業界における中堅的リーダーである。

‥伝統と進取，積極性と柔軟性を併せ持つ酒蔵　小松酒造「万齢」で聞きました‥‥‥‥

小松大祐さん7代目（50歳）／2017年2月20日（月）

　ご主人は，青雲中高校，慶応大学経済学部を卒業された。卒業後3年間証券会社に勤務。その後，実家の酒屋（当時，先代のお父さんは，酒造りをやめて，他社に製造依頼，自社ブランドをつけて販売していた）に戻ることを決意，修業のために東京の小売酒販店（業務用販売中心）に転職した。そこを3年でやめて，28歳で帰郷した。酒の販売を始めたが，酒を造ったこともないし，知識も乏しかったので，売り込み先でどんな酒かと聞かれても説明できない。これではいけない，酒について詳しくならなければならない。と同時に，自分でちゃんと自社の酒のよさを説明するためには，自分で納得のいく酒造りを復活させねばならないと思い至った。これに対して，先代は，反対。理由は，消費がどんどん減っていた当時，これから酒を造って売るという時代ではないとの思いと，素人の息子に納得のいく酒を作るのは無理だと思ったからであった。反対にあうことで逆に酒造りの意志を強く持って，まずは技術理論を学ぶために広島の国税庁醸造研究所での修業8か月，さらに島根県益田，「扶桑鶴」の桑原酒場で一冬2か月修業を重ねて酒造りのノウハウを学んだ後，31歳の時（平成10年）に，初めて酒造りを始めた。最初の年に造った酒は80石（一升瓶8,000本），粕取り焼酎20石であった。父の「よい酒ができた」との褒め言葉，そして，初年度の酒が福岡国税局酒類鑑評会優等賞を受賞，酒造りに対してはずみがつくと同時に，何とかやっていけるという自信が芽生えた。ただ，そんなに甘いものではなく，2～3年目には物珍しさも薄れてあまり売れない

苦しい時期があったが，4年目頃から評価が定着してきて上り調子となってきた。さらにその4年後，平成18年頃から佐賀県内でファンがついて地元で定着し，醪タンクを毎年増やして現在350石(63kℓ)，焼酎20石(3.6kℓ)，リキュール・ミリン10石(1.8kℓ)まで生産を伸ばしてきた。

　技術的な面では，伝統的な酒造り，酒については純米酒へのこだわりを持っている。酒造再開時には，蔵の状況も悪く，道具も昔からの古いものしかなかったが，新しい機械設備を入れる資金もない。この窮状を逆手にとって，古い道具をとことん生かして昔ながらの酒造りを行うことにした。このこだわりは，今に至るまで基本的に変わっていない。酒のもととなる水は，天山山系の伏流水を地下130mから井戸で汲み上げている。この水は，軟水でやや甘く，酒も甘くなりがちなので，甘さを抑えて日本酒度+4～5°と，甘口の多い佐賀県酒としては辛口に仕上げている。米は，「山田錦」と佐賀・福岡県の酒造好適米である「西海」を半々で使っている。

　東京の小売酒販店で学んでいた頃から，日本酒はこれから純米酒だよという話を聞いていたこと，自分が納得できる本当によい酒を作りたいとの思いから，現在でも生産の95％が純米酒である。ちなみに，日本全体の清酒業界がそういった傾向，すなわち，大量生産される価格の安い普通酒から純米酒へ移行してきており，全体の生産量が落ちてきている中，20年ほど前には，全生産量の10数％であった純米酒が現在30数％にまで増えてきている。

　操業再開に当たっては，不慣れなこともあって全てが苦労であった。特に現在まで続いているのは，人の問題である。最初から自分が社長兼杜氏をやり，3人の蔵人を雇って4人で酒造りを始めたが，蔵人の働きぶりに差があって苦労することが多かった。現在，社員5人，季節労働者である蔵人2人で酒造りを行っているが，蔵人は，毎年変わり落ち着かないので，社員を増やした。平成23(2011)年には，自分以外全員が新採であった。現在，年齢的には20～30歳代の若者で造っている。

　酒の流通販売では，地元で評価が定着してきたこともあって，現在では佐賀県内消費が60～65％，隣県の福岡・長崎県が20％，そのほか，東京，大阪，名古屋などの都市圏が15～20％といったところであるが，一昨年より海外輸出を始めて中国(ペキン)，ホンコン，台湾，シンガポール，フランス(パリ)など，また，今年から縁があってスウェーデンとも取引が始まった。なお，取引相手は，現地邦人企業ではシェアが限られるので，現地企業と取引することにしている。その方がシェアが広がる可能性が高いし，長続きすると思われる。ただ，量的には輸出はまだ，3％ぐらいと少なく，相手先を広げていくことと

ともに，シェアの拡大が今後の課題である。

　古い伝統へのこだわりと同時に，飲むミリンの復活などを含めて周りをよく見て新しいものに積極的に取り組んでいく，積極性と柔軟さが小松酒造の持ち味と言えよう。

写真 5-44　小松酒造外観　　　写真 5-45　タンク内 醪発酵中

写真 5-46　商品陳列棚　　　写真 5-47　小松社長とご一緒

●唐津周辺の旅　七ツ釜

　唐津中心市街から北へ30分ほど車を走らせると風光明媚，国の天然記念物に指定されている七ツ釜に到着する。ここは，東松浦半島の基盤を成す上場台地が玄界灘に没する地である。上場台地は，流動性の高い溶岩が噴出後急速に固化した玄武岩質の溶岩台地であり，その北端にあって玄界灘の激しい波食を受けた七ツ釜には，見事な柱状節理や海食洞穴が連続する貴重なジオポイントである(**写真 5-48**)。

第5章 酒と魚 地域飲食文化を堪能する旅

写真5-48 七ツ釜のジオポイントを巡る
①②③ 七ツ釜洞穴&うねる柱状節理　④ 七ツ釜観光遊覧船イカ丸

●呼子へ

　呼子は，かつて捕鯨の一大拠点であった。現在でも当地名産品として松浦漬，すなわち，クジラ軟骨の粕漬があるのも，その名残である。現在，しかし，一般にはイカ釣り漁業基地，およびイカ料理の本場としてよく知られるところである（**写真5-49～53**）。なお，歴史好きには，近くの国の特別史跡である肥前名護屋城跡の散策や名護屋城博物館見学もお勧めである。

写真5-49 加部島から望む呼子

写真5-50 対岸殿ノ浦から望む呼子

写真5-51 イカ釣り船

写真5-52 イカ干し風景

五感で味わう唐津の旅，ご堪能いただけたでしょうか。

写真5-53 イカ尽くし

5.5 県西太良・鹿島・嬉野・白石へ至る旅

　3つ目の旅は，県の西端を南から北へ，すなわち，藤津郡太良町から鹿島市，白石町，嬉野市，そして終点武雄へと至る旅をご案内しよう。

　旅のはじめ，太良町は，佐賀県の西南端，長崎との県境に位置する町である

第5章 酒と魚 地域飲食文化を堪能する旅

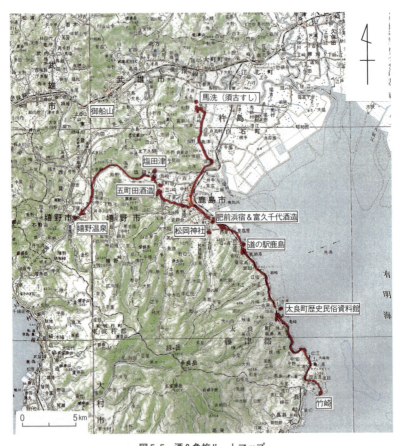

図 5-5 酒&魚旅ルートマップ
国土地理院発行の20万分1地勢図「長崎」「熊本」に経路情報を追記して掲載。

(**図 5-5**)。人口 8,779 人(平成 27 年国勢調査),面積 74.3 km² ある。地勢的には,多良岳山系の経ヶ岳・多良岳を頂点とする円錐火山であり,太良町域は,山麓の尾根・谷筋が扇形,放射状に展開する傾斜地が連続する。山地斜面の上方より,スギ,ミカン,畜産,そして沿岸の漁業と多様な一次産業が展開している。町のキャッチフレーズは,「月の引力の見える町」である。このキャッチフレーズは,太良の地理的環境が実にうまく表現されている。太良町に北接する鹿島市の沿岸は,引き潮時に他の佐賀市川副あたりから続く有明海沿岸特有の阿蘇火山灰性の泥土が堆積する干潟を形成している(**写真 5-54**)。これが太良町沿

5.5 県西太良・鹿島・嬉野・白石へ至る旅

写真5-54 鹿島市沿岸のノリ養殖ひび

写真5-55 引き潮時の港の様子(大浦)

写真5-56 カキ小屋

写真5-57 白ミル貝，カキ以外も焼きます。

写真5-58 大アサリ
どこ産でしょうか？

写真5-59 サザエ
これも有明産ではなさそうです。

岸までくると，泥土がなくなり，多良山系からの基盤の上に礫性の潟が展開する海へと変わってくる。ここまではノリ養殖も展開するが，同じ太良町でも南部大浦地区(**写真5-55**)までくると，ノリの養殖がみられなくなり，かつては潜水による採貝(タイラギ)が，現在はクラゲ漁や漁獲は減っているがワタリガニ漁などがみられる。ちなみに，かつて隆盛を極めた竹崎の潜水漁業も漁業不振のため，現在では各地の海底土木事業へと出稼ぎせざるを得ない状況にある。

写真5-60　アワビ

写真5-61　カキ小屋内の様子

写真5-62　温泉ホテル看板

写真5-63　町役場隣にある太良町歴史民俗資料館地域資料館も立派なジオポイントです。

写真5-64　潜水漁業のスタイル　資料館内展示物

写真5-65　かつて多くの水揚げがあったタイラギ

いずれにせよ太良町の沿岸は，そういった有明海縁辺部の地理的遷移状況が，一目瞭然の重要なジオポイントである。

太良町は，福岡都市圏からの観光ポイントでもある。大浦地区竹崎のワタリガニ(竹崎ガニ)や冬場に，沿道に並ぶ養殖カキを食べさせるカキ小屋(**写真5-56～61**)などには，特に週末になると，観光客が押し寄せるし，温泉も存在している(**写真5-62～65**)。

●鹿島市へ

鹿島市は，太良町に北接する県南西部の中心都市である。人口29,700人(平成27年国勢調査)，面積112.1 km²あるが，人口減少も大きな課題となっている。地勢的には，南の多良岳山系から山地緩斜面を複数の河川が谷を刻みつつ海へ至るのは，太良町同様であるが，沿岸に干拓を含む平野を擁している点，さらにその延長の海岸は，干潮時に火山灰性の広大な干潟が出現する点において，太良町とは景観を異にし，東の白石・佐賀平野の低平地へと至る遷移地帯を成している。

歴史的には江戸時代，小城，蓮池と並ぶ肥前藩の支藩をなし，初期には北鹿島の常広に，後高津原に城(館)を構え，城下町(武家屋敷)も残っている。また，初代藩主鍋島直朝夫人(祐徳院)が伏見稲荷より勧請した祐徳稲荷神社(**写真5-66**)も，日本三大稲荷神社の一とされる(他に，伏見稲荷と笠間稲荷)。

写真5-66　祐徳稲荷神社

鹿島市における特筆すべき海のイベントとしては，著名なガタリンピックがある。これは，1985(昭和60)年に第1回大会が開催されてから33回を数える地域おこしイベントで，毎年6月初旬頃の日曜日に開催されている。「道の駅鹿島」に隣接する開催地の七浦海浜公園には，有明海に関する紹介コーナーもあって，やはり貴重なジオポイントとなっている。なお，ここではガタリンピックだけでなく，通常期でも干潟体験ツアーを行ったり，小学校などの遠足などで訪れて潟に親しむ活動が行われている(**写真5-67・68**)。

第5章　酒と魚　地域飲食文化を堪能する旅

写真 5-67　体験案内看板

写真 5-68　遠足，潟で戯れる小学生たちと泥だらけになった先生
白石町立有明東小学校より写真提供。

写真 5-69　浜宿伝建通り

写真 5-70　旧魚市場とえびす像

写真 5-71　えびすとフナんこぐいの案内

写真 5-72　港町地区の伝建

鹿島市浜町は，かつて長崎街道（多良往還）の宿場町，港町として栄えた歴史を持つ。人や物資，金が集まる交通要地には，必ず商売が発達してえびすが祀られ，同時に酒の需要が生じる。浜町は，かつて存在した魚市場で扱われる魚介と，背後の平野で取れる米と豊かな水を原料とする造り酒屋が並ぶ。まさに，酒と魚の結節点なのである。ちなみに，当地のまち並み（一本松ほか）が，同浜町の港町（多々良川ほか）とともに2006（平成18）年，国（文化庁）の重要伝統的建造物群保存地区の指定を受けている（**写真5-69～72**）。

● フナ市とフナんこぐい

この浜町を舞台とする大きなイベントのひとつが，年明け1月半ばに開かれるフナ市であり，そこで供される伝統料理が「フナんこぐい」である。

……鹿島市浜町庄金「本家 峰松うなぎ屋」の「フナんこぐい」を取材しました……

峰松芳明さん／2017年1月18日（水）・19日（木）

鹿島市浜町の中心をなす浜宿は，江戸時代長崎街道の脇街道であった多良海道（多良往還）の宿場町であり，今でも「酒蔵通り」など古い街並みが残る酒造処でもある。なお，2006（平成18）年に「浜中町八本木宿」と「浜庄津町浜金屋町」が国の重要伝統的建造物群保存地区に選定されている。

この地の冬の名物が毎年1月19日に「酒蔵通り」で開催される「フナ市」である。もともとは20日えびすに酒蔵の女中や奉公人たちをねぎらうご馳走としてふるまうハレの料理である「フナんこぐい（フナの昆布巻）」の材料を求める場として「フナ市」が立ったとされる。佐賀平野では，稲刈り後に農業用水路（クリーク）の溝さらえが恒例であり，水路で獲れたフナが重要な正月料理の食材と

写真5-73　峰松うなぎ屋外観

なった。かつては，この時期に家々で作られてきたフナんこぐいであるが，作り手が少なくなった今日，業者が作ったものを購入することが多くなっている。そういったフナんこぐい業者，ご主人である峰松芳明さん（50歳）が取り仕切る「峰松うなぎ屋」（**写真5-73**）を訪ねた。

峰松うなぎ屋は，創業が戦前にさかのぼり，芳明さんで3代目となる老舗で

ある。有明の海で昔から獲れていたウナギのかば焼きが専門であるが，現在は，魚屋としておもに前海もの，例えば夏季限定のムツゴロウのかば焼き，塩クジラ肉，ウミタケの粕漬けなど色々なものを扱っている。そうして，この時期1月19日に向けての数日間がフナんこぐいとイワシの昆布巻作りに集中する時期であり，ほとんど戦争状態でご主人，ご主人のお姉様，雇いの皆さんが奮闘されている。

地元では，フナんこぐいの作り手が減ると同時に，特に若い世代でのフナんこぐい離れが進んで，だんだん食べられなくなってきている。ただし，この時期の魚の昆布巻は，長年地域に根付いた伝統食であり，若い世代はフナに代わってくせのないイワシの昆布巻を食するようになった。ただ，高齢世代ではいまだによく食べられ，地元を離れた遠方の親戚等に送るための注文も多い。店に受け取りに来るお客さんに聞くと，佐賀県中部の小城や多久から車で1時間近くかけてやって来たとのこと，フナんこぐいは，昔からハレのご馳走としてクリークのフナを食べてきた佐賀平野住民のソウルフードとして，今でも揺るぎのない存在なのである。

フナんこぐい作りをみてみよう(**写真5-74〜81**)。店内には，大釜(平釜)3

写真5-74　材料のフナ

写真5-75　昆布巻作り

写真5-76　ひたすら煮込む

写真5-77　煮あがったところ

写真5-78 商品「フナんこぐい」

写真5-79 同イワシの昆布巻

写真5-80 味がよくしみています

写真5-81 ふな市のポスター

つがしつらえてある。あらかじめ，大きく輪切りにしたダイコン，ニンジン，ゴボウを用意，丸ままのフナを形のまま昆布で巻いて，最後に細切りした昆布で結ぶ。フナの昆布巻は，大きめのサイズと小さめのサイズ2種類があった。大鍋の底に輪切りダイコンを敷き，その上に大量の昆布巻，さらに上にダイコン，ニンジン，ゴボウを重ねて水をひたひたに加え，ひたすら煮込む。フナんこぐいで10時間以上，イワシの昆布巻で5時間も煮込むと，頭も骨もとろとろに柔らかくなる。味は，すめ（みそを濾して出てきた汁）にザラメ，ミリンなどで調える。最後に鍋からあげて，販売用のビニルケースに小分けしてできあがり。この作業に夜中までかけて，翌日未明から始まるフナ市での販売に備えることになる。

19日「フナ市」の様子

　ほぼ徹夜で煮込み作業の後，夜半からふな市の準備が始まる（**図5-6・写真5-82〜85**）。筆者が現地に到着した午前5時30分には，まだ客は多くはなかったが，商売が始まっており，季節の風物詩ということで佐賀，福岡，長崎からもテレビ局の取材が押しかけていた。

第5章　酒と魚　地域飲食文化を堪能する旅

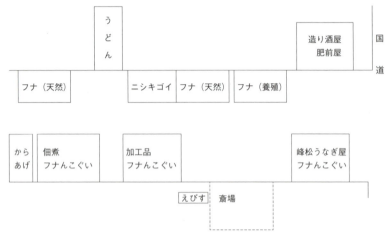

図 5-6　フナ市出店の配置概略図

写真 5-82　風物詩にテレビ局参集

写真 5-83　養殖フナ（福岡産）は元気

写真 5-84　午前 7 時　客が増えてきました

写真 5-85　会場出入り口の様子

●鹿島酒蔵ツーリズム

鹿島市は，浜町を中心に佐賀県有数の酒造地域である。浜地区の峰松・光武・富久千代の3酒造場，少し離れて古枝の幸姫，鹿島駅前に近い矢野，能古見にある馬場の計6酒造場が現役でがんばって酒造りに精を出している。この他，浜地区に酒造場跡として中島，飯盛，呉竹の立派な建物が残り，国の有形文化財となっている。この浜地区を中心に，毎年3月下旬の土・日曜日に蔵開きイベントとして開催されているのが，鹿島酒蔵ツーリズムである。それではここから，鹿島酒の旅にご案内しよう(**写真5-86〜104**)。

2016(平成28)年3月26日(土)午前6時宮崎出立。10時 祐徳稲荷神社駐車場到着。ここから酒蔵めぐりのツアーバスが出ます。超満員でした。

鹿島の魚&酒の旅，お楽しみください。

写真5-86　祐徳稲荷神社門前の様子

写真5-87　バスに乗り込みます。

写真5-88　浜通りの賑わい

写真5-89　峰松酒造(肥前屋)へ

第5章　酒と魚　地域飲食文化を堪能する旅

写真5-90　酒蔵内の様子

写真5-91　次へ向かいます

写真5-92　酒(醪)のしぼり実演

写真5-93　光武酒造前の混雑ぶり

写真5-94　光武酒造内の様子

写真5-95　唄にお囃子

写真5-96　芸子さんも 賑やかです。

5.5 県西太良・鹿島・嬉野・白石へ至る旅

写真 5-97 富久千代酒造

写真 5-98 富久千代酒造内 おしゃれです。

写真 5-99 幸姫酒造外観

写真 5-100 遠方へはバスで移動

写真 5-101 能古見 馬場酒造外観

写真 5-102 馬場酒造内の様子

写真 5-103 矢野酒造外観

写真 5-104 矢野酒造内の様子

「鍋島」富久千代酒造有限会社で聞きました

飯盛直喜さん[4]／2017年7月15日(土)

写真5-105　飯盛直喜さんとご一緒

飯盛直喜氏(55歳)(**写真5-105**)は,富久千代酒造の3代目,蔵は大正末創業の老舗である。飯盛さんは,富久千代酒造の杜氏兼オーナー,佐賀県酒造業界を牽引する立場にある。さらにお子さんの通っている高校のPTA会長まで引き受けておられて毎日超多忙の日々を過ごしておられる。この日も,貴重な時間を割いて応対いただいた。

飯盛さんは,地元の高校から1980(昭和55)年に上京し,明治大学工学部を経て東京の企業に就職されたが,1987(昭和62)年に2代目であった父親の病を受けて帰郷,実家の酒蔵に入った。父の教えで,販売だけでなく,製造にも関わって,長年勤められていた杜氏の親方(いわゆる肥前杜氏)のもとで修業する他,国税庁の醸造試験所での学びや様々な講習会などを通じて経験を積まれてきたが,当時は,日本酒の売れ行きが落ち,値下げ競争をせざるを得ないなど厳しい時期であり,苦労が多かった。苦境打破の方策を模索している中,父の勧めで北九州市門司の小売り田村酒店を訪ねると,和気あいあいとした雰囲気の中で,地元の酒(酒蔵)と客との関わりへのこだわりを見て,蔵,小売店,客,地域で一体となった取り組みに活路を見出す。県内の酒販店に同志を見つけ出して,ともに勉強しながら新しい酒造りを模索し,1998(平成10)年に,新銘柄「鍋島」を立ち上げた。その後,杜氏の引退に伴い2002(平成14)年から自ら杜氏兼オーナーとなって酒の造りから販売までがんばってこられた。鍋島の販売も,当初は苦労が多かったが,東京市場への進出を図って徐々に浸透してきたところで,2011(平成23)年にインターナショナルワインチャレンジ日本酒部門のチャンピオンになった。これが大きなアピールとなって佐賀の酒が注目されるようになり,しばらくしてから徐々に日本酒ブームがきて,売れるようになった。

今は売れ行きが好調で,一般消費者の手が届きにくい有名ブランドとなった感があるが,少しずつでも消費者にいきわたるよう生産期間や生産量を増やす努力を続けたり,北陸地方の古い酒米であった,その名も鍋島という米を使った新しい酒造りに取り組んだり,日々成長を続ける。同時に,「マチと

> ムラを繋ぐ運動(グリーンツーリズム)」に取り組んだり，2012(平成24)年より，鹿島酒蔵ツーリズム推進協議会を立ち上げ，会長として活動を推進するなど，「地域に錦を飾る」，浜の振興にもがんばる酒蔵の親父さんであった。

写真5-106
鹿島松岡神社内にある酒の神様と神社宮司　有森龍弘さん
毎年酒造りの前に，酒蔵総出でお参りするとのことです。

では，次に鹿島酒蔵ツーリズムと同日に行われたお隣，嬉野市の「嬉野温泉酒蔵まつり」に足を延ばしてみましょう。

◉嬉野市へ

　嬉野市は，人口27,336人(平成27年国勢調査)，面積126.4 km²ある。平成の大合併により，2006(平成18)年に嬉野町と塩田町が合併して嬉野市となった。当市は，近年でも年間200万人の観光入込客を数える。特にその中心をなす旧嬉野町は，温泉とお茶の町で，嬉野温泉観光協会に所属する温泉ホテル・旅館が33か所ある。一方，旧塩田町は，塩田川の河湊であった塩田津が，重要伝統的建造物群保存地区に指定され(写真5-107)，落ち着いた港町の景観を残す他，かつては，有田焼の原料となる陶石が天草から船で水揚げされ，川沿いにこれを粉砕する水車が50ほど並ぶ独特な産業景観がみられた。[5]現在は，水車を取り外し

写真5-107　塩田津伝建のまち並み

たところにモーターを取り付けて操業している業者がみられる。また，当地は，県でも有数の酒どころとしてよく知られている。

●嬉野温泉酒蔵まつり

2016（平成28）年3月26日（土），鹿島の6酒蔵を巡った後，嬉野市へ向かいました（**写真5-108〜120**）。

写真5-108　塩田の「東長」瀬頭酒造

写真5-109　「東一」五町田酒造

写真5-110　嬉野の「虎之児」井手酒造

写真5-111　嬉野温泉中心市街

```
嬉野市塩田町「東一」五町田酒造で聞きました
```

瀬頭一平さん(59歳)／2017年2月21日(火)

　県西部長崎県に近い嬉野市塩田町の五町田酒造（**写真5-112〜115**）は，現在佐賀県でも最も多くの清酒生産を誇る大手企業である。もともとこの地での酒造りは，総本家「瀬頭本家酒造」（現在廃業）が三百数十年前に創業した。その約100年後に瀬頭酒造（銘柄；東長）が分家，さらにそこから大正11（1922）年に孫分家として，当初佐世保に進出予定であったところを変更して瀬頭酒造の隣に作られたのが五町田酒造であり，現社長で3代目となる。ちなみに，社名は当地の地名からきている。なお，かつて長崎県諫早にあった黎明酒造（現

5.5 県西太良・鹿島・嬉野・白石へ至る旅

写真 5-112 原料米

写真 5-113 麹造り作業

写真 5-114 醪（もろみ）発酵中

写真 5-115
瀬頭社長
お世話になりました。

在株式会社杵の川）も瀬頭分家であり，瀬頭一族は，往時4社の酒蔵を持つ酒造一家であった。

現社長一平氏(59歳)は，当初後を継ぐ予定はなく，青山学院大学工学部で電気電子を学んだ後，好きな音楽に関わることのできるビクター㈱に就職，東京でサラリーマン生活を送っていた。その後，先代から呼び戻され，会社を辞めて1988(昭和63)年，31歳の時に帰郷，佐賀酒類販売㈱で酒の流通について学んだ後，本社の経営を担うこととなった。本社は，佐賀県でも大手として，日常酒としての普通酒の生産が多い酒蔵である。現在は，11月から5月いっぱいまで操業して4,000石(720kℓ)を生産し，そのうち，普通酒の上撰（甘口，日本酒度−5°）が生産量の約65％となっている。清酒の消費総量は，全国的に見ても佐賀県内でも高度経済成長期の半ばころより減少の一途をたどっているが，清酒の消費減イコール普通酒の消費減であり，20年ほど前から上撰の生産は一貫して減少している。本社では，1985(昭和60)年ごろから大吟醸酒を福岡国税局の鑑評会に出品していたが，どうしても福岡の蔵に太刀打ちで

きない。関係者に理由を尋ねると，当時使っていた原料米西海145号が，米の力の差で福岡の蔵が使っていた山田錦にどうしてもかなわないからだということであった。当時はしかし，山田錦の種もみが簡単に入手できる状況になく，何とか苦労しつつ，1988(昭和63)年に佐賀県では最初に，契約農家において山田錦の栽培ができるようになり，これで造った酒が，1990(平成2)年に全国新酒鑑評会において金賞を受賞，その後，毎年特定名称酒の生産をタンク1～2本分ずつ増やして，現在では全生産の約35％を占めるようになった。ただ，上撰の減産分をカバーするには至っていない。この他，量的にはわずかであるがコメ・ムギ焼酎や米焼酎から造る梅酒，吟醸酒の酒粕から造ることで，その香りがつくとされる「金瓶梅」という雅な？銘柄の粕取り焼酎も造っている。

　本社の従業員は，製造部門が22名，販売その他が10名，通年の瓶詰パートが10名ほどである。地元の杜氏が蔵人を束ねて製造を担当しているが，製造の総責任者として製造部長を置いている。先代の製造部長が昨年退職を迎え，その後継として，福岡県うきは市の酒蔵で製造を担当していた若手(37歳)に来てもらった。佐賀県では，佐醸会という蔵元の集まる会を中心に酒蔵同士の仲が非常によく，皆で一緒に勉強会や様々なイベントを実施しているというのは，どの酒蔵でも聞くことができたが，ここでは県内の他の蔵と一緒に久留米の利き酒会や福岡工業試験場へ出向くなど勉強・研鑽を重ねて酒造りに邁進している。

　流通に関してみると，上撰を中心とする普通酒は，先述の佐賀酒類販売㈱を通じて県内に広く販売している。一方，純米酒は，県内と県外の出荷割合は半々であるが，個別に特約店契約を結んだ小売店に直接販売している。県外へは，東京の卸問屋を通じて特約店契約を結んだ店舗が北は北海道から南は宮崎まで展開するようになった。流通の地域的割合では，普通酒消費の多い佐賀県内が8割弱，東京，大阪など県外が約2割，海外輸出は1％に満たない。現状では，需要を賄うのにいっぱいで，海外に積極的に打って出る余裕がない。

　五町田酒造は，佐賀県民の飲食生活を長年担ってきた地酒造りを代表する酒蔵である。

●白石町へ

　杵島郡白石町は，人口23,941人(平成27年国勢調査)，面積99.6 km²の町である。平成の大合併により，2005(平成17)年に旧白石町と福富町，有明町の3町が合併して現在に至っている。地勢的には，西の標高300 mクラスの杵島丘

陵以東は，自然陸化した沖積平野と中世以来の干拓地が広がっている。広大な平野は，大規模な水田耕作と冬季麦作の二毛作や特産のタマネギ生産で知られる農業地帯である。また，前海を前面に擁していることで，農・水産の豊かな食材を使った郷土料理が展開する。ここでは，上品で見栄えのよい郷土料理として，佐賀県内でも著名な「須古ずし」を紹介しよう。

白石町馬洗（須古）　猪之口家の「須古ずし」参与観察＆お話をうかがいました。

2017年1月8日（日）

　白石町は，佐賀県西南部に位置する面積 99.6 km^2，人口 2.4 万人（平成 27 年度国勢調査），米とタマネギの産地で知られる農村地帯である（**写真 5-116**）。地形的には，北部に丘陵と平野中に3つの小丘がある。もともとこの北部丘陵が海岸線，小丘が島，平野部は海（干潟）であったところを昔，自然陸化および，膨大な期間と労力を要して作られてきた干拓地であるとされる。小丘のひとつに高城（隆城，また須古城とも）が築かれ，中世に平井氏，近世には須古鍋島氏（龍造寺分家）の館があり，丘から南，さらに東へと旧城下町の白壁の町並みが続く。この地の名物料理が「須古ずし」であり，その歴史的な言われとして，およそ 500 年も前，城主であった平井氏に領民が献上した料理であるとされる。昔から，地元に根付いてきた地元の食材を使う郷土料理である。

写真 5-116　白石平野の眺望

写真 5-117　猪之口ご夫妻

　猪之口家は，この地に代々続いてきた農家であり，現在は水田 3 町 5 反に米，麦の二毛作，他に転作作物である大豆，ミカンを手広く栽培されている。忙しい農業のかたわら，ご主人の定さん（70歳）は，白石町の町会議員を 4 期務められた地元の名士，奥様の操さん（68歳）も農村女性アドバイザーや，

2001（平成13）年に6名で立ち上げた女性加工グループ「緑会」の会長として活躍されており，平成27年には，大日本農会より農事功労者として，緑白授有功賞を受賞されている（**写真5-117**）。

「須古ずし」に使うご飯は，5〜6人分として，うるち米5合に餅米1合を炊く。ちなみに，現在使っている米の品種は，「佐賀びより」という特別栽培米である。具には，魚屋で取り寄せたムツゴロウの蒲焼き，醤油，砂糖で甘辛く煮たシイタケ，その煮汁で煮たゴボウ，ニンジン，小切りにした奈良漬け，色づけの紅ショウガ，ワサビ菜，錦糸卵を用意する。炊きあがったご飯をすし桶に移し，砂糖を多めに入れたすし酢を混ぜ込んだ後，専用のもろぶたの表面に酢で湿らせたなかに薄く酢飯を広げる。ちなみに，このもろぶたは，先代のご主人が手作りしたもので，ふた内のサイズが縦30 cm×横60 cm×高さ5 cmほどあり，木地に漆を塗った本格的なものである。これにすきまなく広げた酢飯をすし切りで，およそ10 cm角に切り分けた上にムツゴロウ，シイタケを置き，それらを隠すように錦糸卵を広げる。その上に，紅ショウガ，奈良漬け，ワサビ菜を飾り角に扇形に切った紅白カマボコを2個置くとできあがりである。かつて，長崎街道に沿う長崎・佐賀・福岡（地元で 'シュガーロード' という））には，長崎に持ち込まれた白砂糖をふんだんに使うお菓子の他，料理も甘い味付けに特徴がある。「須古ずし」も酢よりも砂糖の甘みが先に立つ優しくて見た目も美しい料理である。

「須古ずし」は，めでたいハレ時にも日常食としても食べられる。ムツゴロウは，夏のものであり，今は冷凍して1年中使えるが，昔その他の季節にはしめさばを使うこともあった。また，飾りものとして，春には木の芽，キヌサヤ，夏にキュウリ，煮物として，春にタケノコやフキなど季節の材料を使う。近年，家で作ることが少なくなって食べる機会が減りつつあるが，「須古ずし振興協同組合」ができて，店で買うこともできる。郷土食が消えてなくならないように，操さんたちが地元の小中高校，佐賀市内の短大などにも出向いて，児童・生徒たちと一緒に「須古ずし」を作って食べる特別授業などの活動も続けておられる。

有明海から少し内陸に入った馬洗地区には，昔は夏に生きたままのムツゴロウを桶に入れて持ち込む行商があった。この他，前海（有明海のこと）ものとしては，ハゼ，クチゾコ（アカシタビラメ），夏のエビがよく食べられていた。また，'だぶ'（当地では 'ヌッペ'）と称される小切り野菜をふんだんに入れた汁も精進の期間に食べられていた。

地産の食材と豊かな調味料を使った珍しく美しくおいしい当地のごちそう

5.5 県西太良・鹿島・嬉野・白石へ至る旅

写真5-118 須古ずしの作り方
①具材の数々 ②酢飯作り 砂糖を効かせた甘めの酢飯 ③もろぶたに酢飯を薄く広げる ④酢飯を10cm角に切り分ける ⑤ムツゴロウの身をほぐし取る ⑥ムツゴロウ, シイタケ, 煮野菜, カマボコ, 奈良漬けをのせていく ⑦具を隠すように錦糸卵を載せる ⑧最後に紅ショウガとワサビ菜で色を飾る ⑩小皿に取り分けてできあがりです

の代表が「須古ずし」であり，地理学的にいえば，それは「地域の景観なり生活様式の縮景」のような料理なのである。
　作り方は**写真 5-118**の通り。大変おいしくいただきました。感謝！

　写真 5-119〜122は調査でお世話になった酒屋さん。また，周辺景観は**写真 5-123**のようであった。

写真 5-119　大町町　諸石酒店

写真 5-120　町会議員でもあるご主人諸石重信さん

写真 5-121　江北町　大串酒店

写真 5-122　白石町　酒舗つつみ

　以上，佐賀県内の3か所をめぐる酒と魚にまつわる旅のプランをご紹介した。紙数の関係で，今回取り上げることのできなかった地域事象が，佐賀県内にはまだまだたくさん存在する。たとえば，2のプランでは，当初唐津から伊万里，そして有田へと至る旅を想定していたが，唐津およびその周辺だけで情報量がいっぱいになって紙数が尽きてしまい，伊万里，有田方面まで書くことが

できなかった。伊万里と言えば焼き物，歴史的にその積出港というだけでなく，ナシや肉牛といった農畜産物，古い歴史を持つ酒蔵，さらには湾内で生息するカブトガニ（**写真5-124，125**）など興味深い取り組みがあるし，有田も，やはり焼き物に関わるいろいろな取り組みに言及する必要があったであろう。また，県央の多久や公園の見事な桜や羊羹で知られる小京都小城についても語りたいことはたくさんあったが，これらの地域に関する言及は，別の機会に譲りたい。

　現在，佐賀県内には，様々な地域で，地元の地域おこし活動に取り組んでおられる有志やグループが存在する。地元に精通した方々とコラボすることによって，ここで取り上げたツーリズムの中身も，より充実したものになるであろう。

写真5-123　白石町住ノ江港　川港とノリ船の風景

写真5-124　カブトガニの幼生　　　写真5-125　伊万里湾カブトガニの館横の神社
　　　　　　　　　　　　　　　　　飼育，放流事業を行う伊万里市立牧島小学校にて

注

1) 佐賀県酒造組合 (2017):「SAGASAKE」, 同ホームページ, http://www.saga-sake.or.jp/main/。
2) 2017年2月22日, 鳥栖魚市場における聴き取りによる。
3) 下山正一 (2007):「有明海と佐賀低平地の成り立ち」, 佐賀大学第5回有明海講座資料, および筆者の観察調査による。
4) 本コラムは, 飯盛さんへの聴き取りと, 以下を参考にして作成した。①松本創 (2015):「郷土を醸した復活の酒」(『日本人のひたむきな生き方』, 講談社), pp.197-227。②富久千代酒造有限会社 (2017):「NABESHIMA SAGA JAPAN」, 同社ホームページ, http://nabeshima.biz/movie.html。
5) 中村周作 (1992):「塩田川水系の陶土水車」(平岡昭利編:『九州水車風土記』, 古今書院), pp.62-75。
6) 佐賀県 (2017):「さが創成・さがデザイン」, 同ホームページ, https://www.pref.saga.lg.jp/list00501.htm。

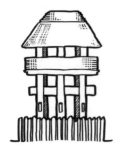

吉野ヶ里遺跡の櫓

〈第6章〉

研究内容のまとめと地域振興に関する提言
──佐賀の魅力とそれらを活用した地域振興──

6.1　はじめに

　前章では，酒と魚にまつわる様々な地域ポイントをめぐる旅，ドリンク＆
イート・ツーリズム，NHK的に言えば，「地域の酒と魚にまつわるポイントを
探せ」というお題で回る番組「ブラタモリ」の実例を3つの地域に関して紹介
した。他の地域，特に都市部からやってくる客との新たな交流によって人が元
気になり，ある程度お金を落としてもらうことで経済効果も見込めるツーリ
ズムをうまく実践することで，地域の活性化を図ることができる。グリーン・
ツーリズム（農村・農業体験観光）であったりブルー・ツーリズム（漁村・漁業体験
観光）が盛り上がりを見せる今日，都会の生活に満足しきれない人々が，田舎
の本物を求めにやって来る時代である。
　嗜好性の強い酒に関して言うと，高度経済成長期以降清酒の消費量は一貫し
て減り続けてきたが，その間にチューハイやソバ，ムギ，コメなどの焼酎ブー
ムが巻き起こり，中央市場に浸透してきた。つまり，宮崎や大分，熊本の地方
の酒が，中央でその存在を認められてきたわけである。それでも匂いに抵抗の
強かったイモ焼酎の浸透は遅れたのであるが，焼酎業界の品質改善に関する
努力もあって2000年頃から臭くない焼酎から匂いのしっかりついたイモ焼酎
へ，鹿児島，宮崎の本物の焼酎が広く深い支持を得てきたのである。この本物
志向の行きつく先はどこのあるのか。本物の酒にまつわる文化は，それが造ら
れた場所へ出向き，その風土と人にふれて初めて体感することができる。酒に
つきものの肴（酒菜）を合わせて，地域食文化としていただくことこそが‘本物
の酒文化’を知る素晴らしい経験となるのである。このことは，焼酎のみなら
ず，現在質のよい特定名称酒造りに励んでいる各地方の清酒蔵に関しても言え
ることである。現地に行って本物を知る，逆に現地では，本物の酒文化を求め

てやって来るお客さんに満足していただけるような地域，自然，人，農・漁業
他の産業などを丸ごとひっくるめた空気感を伝えられるように地元を学んで知
り，自らも本物にならねばならない。そうすることで，深く地域に根を張った
継続できる活動としての'ドリンク＆イート・ツーリズム'を実現することがで
きるであろう。

　本章では以下，本書のまとめとして，筆者が自由な発想で考えた佐賀県を事
例とする地域振興プランについて本書の折々でふれたものを含めて具体的に披
露していこう。

6.2　地域の色（エリアカラー）を使った地域振興

　県庁のHPを見ると，佐賀県の木がクス，花が同じくクスの花，鳥がカササ
ギ（カチガラス）となっている。どの都道府県，あるいは市町村を見ても，花や
木，動物などの指定があるが，地域の色に関する指定はみられない。希少な例
として，神奈川県相模原市が市の色を緑としている他，さいたま市が小中学生
の投票によって決定された10区の色を公開している。興味深いので，**表6-1**
に示した。

　地域の色は，重要な景観要素のひとつである。建築学などでも，都市景観の
構成要素としての構造物の配色に関する研究は多いが，文化地理学では，地域
のイメージそのものとしての色も重要となってくる。[1]　そこで，以下，あくまで

表6-1　さいたま市各区の色

区　名	色	選　定　理　由
西区	青	川がたくさんあるから
北区	深緑	盆栽のまちとして有名だから
大宮区	オレンジ	大宮アルディージャのチームカラーだから
見沼区	空色	自然が豊かで澄んだ空が広がっているから
中央区	バラ色	バラの花のまちとして有名だから
桜区	桜色	区の名前にふさわしく，サクラソウの自生地もあるから
浦和区	赤	浦和レッズのチームカラーだから
南区	レモン色	区の若々しいイメージに合っているから
緑区	緑	区の名前にふさわしく，緑がたくさんあるから
岩槻区	山吹色	やまぶきの花にまつわる伝説があるから

6.2 地域の色(エリアカラー)を使った地域振興　　　181

筆者のイメージではあるが，九州各県を代表する事物をもとに，その県の色を
大まかに描き出してみる。

1) 鹿児島県

当県で色のついた特産品や名物などをあげてみると，黒牛，黒豚，黒砂糖，
黒麹焼酎，黒糖焼酎，黒酢，黒薩摩焼，マグロ(マグロの語源は，切り身が赤黒
い，すなわち，'真っ黒'からきているとされる)，桜島の火山灰，大隅半島に広が
る火山灰土壌(黒ボク土)等々黒が多い。黒以外では，桜島大根や火山灰(シラ
ス)，白薩摩焼，銘氷菓子白熊，白麹焼酎といった白が目立つ。当県の代表銘
菓のひとつである，かるかんも，外が白，中の餡が黒と言える。他にサツマイ
モの黄色や紫，お茶の色，桜島噴火の赤などがあるが，ここは，黒中心で，あ
えてこれに加えると白となる。この2色は，白黒をはっきりつけたがる県民性
にもマッチしている。

2) 宮崎県

当県は，お隣の鹿児島県と風土，産物等共通点が多い。したがって，まず，
黒牛，霧島黒豚，日南の黒砂糖，黒麹焼酎，マグロ，黒皮カボチャ，新燃岳
の火山灰，宮崎県南部に広がる火山灰土壌(黒ボク土)等々の黒があげられよう。
次いで白として，日本一の生産をあげるタクアン原料の大根，白麹焼酎などが
あるが，鹿児島県と比べると白のイメージは，若干薄い。この他，一般的に当
県のイメージカラーとして使われるスギ林，照葉樹林，特産のピーマンやキュ
ウリの緑，海の青，太陽やマンゴーのオレンジがあるが，日本の場合，大半の
ローカルな県のイメージカラーとして，山の緑，空・海の青，太陽のオレンジ
が出てくる。これらは，いわば，日本の3原共通色でもあるので，ここではあ
えて省いて，当県のイメージは，質実剛健の黒としておこう。

3) 熊本県

当県の色は何であろうか。ここの風土，特産品などとして，やはり火の国
阿蘇の噴火色である赤，肥後の赤牛，伝統の地酒である赤酒，馬肉(桜肉)も赤，
植木のスイカ，八代の塩トマト，天草のマダイやイセエビ，熊本市には赤みそ
もある。もちろんそれ以外にも，熊本ラーメン(何色？)，からしレンコンの黄
色，球磨焼酎(透明色？)などがあるが，やはり当県の色は情熱の赤であろう。

4) 長崎県

　この県にもたくさんの名物がある。有名な長崎のカステラや同類と言ってよいものに平戸のカスドース，壱岐のカスマキがあり，これらは卵を効かせた黄を主体とした菓子である。茂木ビワ，壱岐のウニ，ザボン，生産量が北海道に次ぐジャガイモも黄色と言えるだろう。ちゃんぽんも多彩な具が入るが，麺やスープは黄色系と言えるであろうか。一方で，江戸時代にヨーロッパから唯一物資が入ってきた長崎には，いろいろな舶来品が入ってきたが，その中でも白砂糖は，菓子や料理に広く使われてきた。長崎の食味は一般にかなり甘いと言われる理由である。ちなみに，貴重な白砂糖は，長崎街道を東進した現在の佐賀，福岡にももたらされ，これらの地域でも各地で独特な菓子類が発達したこともあって，長崎街道自体シュガーロードと称されることもある。日本で最も早く中国から伝えられたとされる五島うどんや，島原そうめん，かんざらしに使われる白玉団子，壱岐伝統の白麹麦焼酎などは，白色系の名物である。長崎では，これら以外にも有明海のノリ(黒)やクジラ(赤身)などがあるが，総合的にみて，豊かさを示す黄と白の2色が際立った色と言えるであろう。

5) 福岡県

　当県の風土や特産品を並べてみると，実に多様であり，特定の色に絞ることが難しい。いろんな場所からいろんな人々，文化が集まる都会が含まれる福岡県は，それゆえ人も色も多彩である。当県のシンボル的スポーツチームとなったソフトバンクホークスのチームカラーは黄と黒，プロサッカーアビスパ福岡のチームカラーは青と銀，この他主要な特産品を色別にあげると，赤が明太子，イチゴ(あまおう，とよのか)，ラーメンの上に載る紅ショウガ，太宰府天満宮社殿および紅梅などをあげることができよう。一方，北九州・筑豊とくれば伝統的に黒の石炭，鉄鋼，有明海のノリも黒，伝統の久留米絣は藍(青系)と白，この他白とくれば博多うどん，太宰府天満宮の白梅，梅ケ枝餅(白と黒？)，筑紫平野の米など，黄とくれば，同平野裏作の大麦とそれを原料とするビール，博多ラーメンの麺とスープなどなど。多彩ではあるが，これまであげてきた中で主要な色として，赤，黒，白，黄の4色を採用したい。

6) 大分県

　九州・瀬戸内文化の結節点である大分県も色合い的には多彩である。プロ

サッカーチーム大分トリニータのチームカラーは青と黄，宇佐神宮は赤，著名な関サバ・関アジは青物の青，カボスは緑，シイタケや中津・宇佐名物の鶏のからあげは茶，豊後の黒牛の黒，だご汁(やせうま)の白，温泉県を標榜する県ゆえ温泉，それから大分麦焼酎はともに透明色であろうか。ただし，別府温泉の地獄は赤，青，白，灰色とここだけでも実に多彩，ここにあげただけで9色ということで，しいて言えば虹色を超えた多彩色としておこう。

7) 佐賀県

いよいよとりの佐賀県である。当県の特産物は，伝統的に白と黒と言われてきた。それは，かつて佐賀段階，新佐賀段階と2度にわたって単位面積当たり収量日本一を記録した米[2]，長崎県のところでもふれたシュガーロード，すなわち砂糖の白と，これもかつて1960(昭和35)年頃まで当地の基幹産業であった炭鉱から産出する'黒いダイヤ'と称された石炭であったり，石炭採掘がなくなってからは，現在でも日本一の生産を誇る有明海のノリが黒の代表的なものである。この他，県の鳥であるカササギ(カチガラス)は，胸とお腹が白く周りが黒い。また，小城名物の羊羹は，白系のザラメ，砂糖と黒系の小豆を使った菓子である。肥前田代の製薬で作られる貼膏薬は，今でこそ肌色のものが中心になっているが，初期のものは黒く，痕が残らないよう白い膏薬が後に開発された。佐賀平野特産のレンコンも，黒い泥田で育てられる白い産物である。そのほか，黒系と言えば，有明干潟の火山灰性の潟土，上場台地から東松浦半島に至る地域の基盤を成す玄武岩の黒，有明海の珍魚ムツゴロウも斑点はあるが黒系であろうか。黒毛和牛(佐賀牛)も著名である。一方，白いものとしては，佐賀平野裏作の小麦で作られてきた神埼そうめん，佐賀県を代表する産業のひとつである有田焼などの白磁，かつて有明海の主要産物であったカキの身も白(殻は黒であろうか)，大和川上峡の白玉饅頭，呼子のイカ，白石平野の裏作で作られるタマネギもあえて言えば白系であろう。佐賀県の特産物としては，この他にミカン，嬉野茶，イチゴ(さがほのか)，金糸などを使う佐賀錦など，また，前章で取り上げたように唐津くんちの代表的な曳山である鯛のような派手な赤もあるが，やはり地道・着実な県民性を反映した白と黒でまとめるのが，佐賀県らしいのではないだろうか。

以上，地域振興の素材として，従来ほとんど取り上げられてこなかった地域

のカラーを前面に打ち出して，たとえば色にちなんだ商品開発や景観形成を行えば，地域活性化に勢いをつけることができるであろう。

6.3　佐賀えびす県構想

　佐賀の地名は，楠が栄えるからきているらしいが，賀（祝い，よろこび）を佐（勧める，さそう）という地名自体何ともめでたい。さらに第1章でふれたように，佐賀県には一千体をはるかに超えるえびす像が各地，道の角々の鎮座している。その数推定日本一。大分県が'おんせん県'，香川県が'うどん県'を主張するならば，佐賀県は，文字通り「何とめでたい'えびす県'」なのである。これも第1章でみたように，佐賀市では，「恵比須DEまちづくりネットワーク」を作ってまちおこしに関する様々な取り組みを行っている。また，他の市町でもえびすに関するいろいろな取り組みが行われている。ただ，県内中にえびすだらけという現状を考えると，各市町が別個に取り組みを行っているのはもったいない。えびすは，佐賀県にとって重要な資源であり資産でもある。県内全域を巻き込んでの地域おこし，この場合県おこしということになろうか，これをうまく進めていけば，何とめでたいだけでなく，何と元気な佐賀県に，きっとなるであろう。

　具体的なプランとしては，各地で行われているえびすをめぐるウォークラリーイベントを全県レベルに引き上げて，えびすに因んだ祭日ごとに参って歩くイベントを行うとか，スタンプラリーイベントとして，何か所参ったかでご利益がある，たとえば，100か所参りを行ったら県域全体で使える一定金額の商品券をもらえるといった企画であれば，歩いて参ることで，心が洗われる，健康増進，さらに実利ありで一挙三得，参加者が殺到するかもしれない。

　こういった活動を行う前に，佐賀市で作成されている『恵比須台帳』[3]のようなしっかり調査されたデータブックを県全域で作成することが，まず前提になるが，現在実際に活動されている関係者が集まり結束すれば，事はそう難しい話ではあるまいと思われる。

　もちろん，幸をもたらすえびすはウォークラリーだけでなく，いろいろな場面・企画において地域活性化に貢献しうるものであり，これについても県全体

6.4 地域の売り'有明七珍'

での取り組みが重要となってこよう。

第4章において，珍魚介の多い有明海の水産資源の中でも，珍しさに加えて継続的に資源活用が可能な，つまり，資源が減っていても何とか食材として利用することのできる7種，すなわち，①ムツゴロウ，②ワラスボ，③エツ，④コノシロ，⑤ガザミ，⑥シオマネキ，⑦クチゾコを'有明七珍'として売り出すことができるのではという提案を行った。単に一括りの呼称にとどめることなく，それらを活用して実質的な地域活性に生かすためにはどのようにしたらよいだろうか。ここではまず，そういった地域資源の活用に関する先行事例として，'琵琶湖八珍'を売り出している滋賀県の状況を押さえておこう。ここでは，滋賀県立安土考古学博物館で2013(平成25)年に行った来館者への湖魚料理人気アンケートをもとに，供給量なども考慮して「琵琶湖八珍」を選定している。その後の2015(平成27)年に文化庁による第1回日本遺産のひとつに『琵琶湖とその水辺景観──祈りと暮らしの水遺産──』が選定され，琵琶湖の自然とそれに関わる様々な人間活動，中でも八珍に代表される食材魚介がクローズアップされた。そうして，博物館の副館長であった大沼芳幸氏などの活動を牽引するリーダーと県農政水産部水産課がタイアップし，行政・民間を巻き込んでの大きな取り組みがなされている。具体的な活動として，まず，一般の方々に琵琶湖八珍を認知してもらうための広報活動として，①ロゴマークの作成，②県ホームページでの情報公開，③関連書籍の出版，④住民と観光客を巻き込んでの琵琶湖八珍に関連する様々なイベントの実施，⑤琵琶湖八珍マイスターの認定制度確立などを行っている。マイスターとは，滋賀県によると，「琵琶湖八珍」を素材として使用・活用している事業者の中で特に，(1)「琵琶湖八珍」の積極的な取扱い，(2)接客における「琵琶湖八珍」の持つ情報の伝達，(3)「琵琶湖八珍」ロゴマークの積極的な使用，(4)滋賀の水産業および琵琶湖産魚介類のPRと情報提供，(5)その他「琵琶湖八珍」の普及・定着に必要な活動の取組に協力し，琵琶湖八珍の普及・定着に協力してくれるところのことである。本趣旨に賛同する登録事業者には，ロゴマークの使用のほか，オリジナルポスター・

のぼりなどの配布や「琵琶湖八珍」ポータルサイトへのお店情報の掲載など，「琵琶湖八珍」マイスターとしての活動を県がサポートするといった制度である[5]。ちなみに，マイスター立ち上げ初期の2016(平成28)年1月のプレスリリース時では，マイスター登録店が25店舗であったが，約1年後の2017(平成29)年4月段階で87店舗，同年12月現在で108店舗ということで，活動の大きなうねりが，地域全体に深く浸透してきたことがわかる。なお，マイスター108店舗の内訳をみると，ホテル(ホテル内飲食店等を含む)が25，飲食店が45，水産業・水産小売・魚市場・直販所等39(飲食店と小売店の重複1)となっている。

　佐賀県でも佐賀市内や有明海周辺にあるホテル，飲食店，水産業，水産小売，魚市場，直販所など多数を巻き込んで同様の活動を行えば，地域の生態資源を生かした新たな興味深い観光の展開が見込まれるであろう。

6.5　県域丸ごと佐賀ジオパーク構想

　筆者が，専門としているのは地理学(人文地理学)であるが，その学問のなかでも特に自然を研究対象とする自然地理学(この中に，地形学，気候学，水文学などが含まれる)の分野の方々を中心に，取り組みがなされているものにジオパークがある。ジオパークとは，どのようなものか，これについては，一般にも徐々に浸透しつつあると思われるが，ここで今一度，日本ジオパークネットワークのホームページより，その内容を解説しておこう。すなわち，ジオパークとは，「地球・大地(ジオ：Geo)」と「公園(パーク：Park)」とを組み合わせた言葉で，「大地の公園」を意味し，地球(ジオ)を学び，丸ごと楽しむことができる場所のことである。大地(ジオ)の上に広がる，動植物や生態系(エコ)の中で，私たち人(ヒト)は生活し，文化や産業などを築き，歴史を育んでいる。ジオパークでは，これらの「ジオ」「エコ」「ヒト」の3つの要素のつながりを楽しく知ることができる[6]とされており，導入初期に訳されていた地質公園というよりも，地質を含む大地と，その上で展開する人間活動まで総体的に学ぶ公園として理解されるようになった。現在，日本には日本ジオパークに認定されているところが35か所，さらに厳しい審査を経て，その上の世界ジオパークに認定されているところが8か所ある。九州内だけを見ても，日本ジオパークが，

6.5 県域丸ごと佐賀ジオパーク構想

おおいた姫島，おおいた豊後大野，天草，霧島，桜島・錦江湾，三島村・鬼界カルデラの6か所，世界ジオパークが，島原半島と阿蘇の2か所の合計8か所もの認定地域がある。すでに飽和状態の感すらあるジオパークではあるが，指定された場所のジオパークとしての売りを見てみると，多い順に活火山，島，山・山地，海岸，半島，構造線，その他湖，温泉，旧炭鉱，カルスト，河岸段丘，峡谷，滝，柱状節理，恐竜化石などがあり，それらの特徴的なジオに人間生活が乗っかっての総体としてのジオパークが描かれている。

ひるがえって佐賀県を眺めてみると，派手に活動している火山はないが，前章の酒と魚の旅の端々でふれておいたように，ジオ資源が実に豊富であることがわかる。たとえば，有明海の阿蘇火山灰が広がる広大な干潟とそこに展開する様子がつぶさに観察できる豊かな動植物の生態，および漁獲行為を中心とする人間生活の多様性は，他に例をみないジオポイントであり，太良町の「月の引力が見える町」も，実にジオパーク的キャッチフレーズである。陸にあがればそこは広大な干拓地。中世以来の長い年月をかけて人々が営々と作り出してきた人工のジオなのである。干拓地から町中まで縦横に走る江湖やクリークも他にみられないジオサイトである。その北に続く筑紫山地は，古い時代に形成されて侵食が進んだなだらかな山体が広がり，縁辺に偏在する石炭層の採掘，すなわち，石炭産業が，かつて佐賀・福岡・長崎県の一大産業であった。玄武岩が基盤を成す上場台地は，典型的な溶岩台地であるし，その北の東松浦半島のリアス式海岸，とりわけ七ツ釜の柱状節理は見事なものである。有田焼の原料となった熱水変質を受けた溶岩の一種である流紋岩からなる陶石サイト[7]，多良・経ヶ岳の成層火山，特徴的な尖がった山体を持つ武雄の御船山（**写真6-1**）も地形上溶岩尖塔と言われる火山地形である。県の西部，嬉野，武雄には著名な温泉もある。こうしてみると，佐賀県域は，いろいろな火山地形と自然陸化した平野，干拓地，干潟，内湾といったジオサイトの上で，多様な人間活動が展開している，県域丸ごとジオパークなのである。

現在認定されているジオパークを見ると，ジオサイトとしてまとまった比較的コンパクトな地域が多く，1県丸ごと認定といった例はない。しかし，中には三陸ジオパークのように，青森・岩手・宮城3県にまたがって，構成自治体が16市町村，構成市町村面積が6,021.14 km^{2}と，佐賀県の面積（2440.68 km^2）

写真6-1　御船山

の2.5倍にもおよぶ広大なものもあり，佐賀県丸ごとジオパークというのも，あながち荒唐無稽な話ではない。ジオ資源としては，十分特徴的個性的であるので，県全体で取り組みを進めて日本ジオパークネットワークに申請すれば，認定される可能性はかなり高いのではないかと思う。地球磁場逆転期の地層の候補として国際的評価を受けた「チバニアン」[8]が，早くも観光スポットとして注目を集めているように，佐賀県のジオにも注目が集まる日が来るかもしれない。

6.6　結　び

　以上，筆者が思いつくままに，地域おこしプランをいくつか提示してきた。皆で考えれば，この他にも，まだいろいろな案が出てくるであろうし，筆者の提案に異議ありという向きもあるかもしれない。それもまた，結構。本書が，皆様の議論のひとつのネタになるとすれば，筆者として大変喜ばしいことである。

注
1) 古くPaul Fickelerは，文化としての宗教景観の色について言及しているし，戸所は，京都市における色文化の伝統性とその変化について明らかにしている。
2) 『日本地誌』によると，佐賀段階とは，1937・38(昭和12・13)年に，それまで踏み車で揚水していたところに，電動ポンプが導入されて，生産効率が飛躍的に上がり，米の単位面積当たり収量日本一を記録したことを指す。また，新佐賀段階とは，1965・66(昭和40・41)年に乾田化等の土地改良や機械導入など技術革新，集団統一栽培の実施等により再び単位面積当たり収量日本一を記録したことを指す。
3) 恵比須DEまちづくりネットワーク(2016)。
4) ①滋賀県ミュージアム活性化推進委員会編(2015)，②大沼芳幸(2017)。

5) 滋賀県農政水産部水産課ホームページによる。
6) 日本ジオパークネットワークホームページによる。
7) 三浦千佳・大平寛人(2011)。
8) 2017(平成29)年11月13日付朝日新聞「地質の歴史に「チバニアン」か地層が国際標準の候補に」。

文献等

青野壽郎・尾留川正平編(1976):『日本地誌20 佐賀県・長崎県・熊本県』, 二宮書店, pp.21-23。

大沼芳幸(2017):『琵琶湖八珍 湖魚の宴 絶品メニュー』, 海青社, 196p。

滋賀県ミュージアム活性化推進委員会編(2015):『おいしい琵琶湖八珍 文化としての湖魚食』, サンライズ出版, 134p。

戸所泰子(2004):「京都における町屋と町屋風建築物からみた「地域の色」の継承と創造」, 立命館地理学16, pp.115-131。

永原光彦(2016):『佐賀の恵比須台帳』, 恵比須DEまちづくりネットワーク, pp.1-112。および恵比須DEまちづくりネットワーク(2016):『佐賀ん町のえびすさん』, pp.1-38(以上2冊合本)。

三浦千佳・大平寛人(2011):「有田-天草地域の陶石鉱床の変質作用と熱履歴(予報)」, フィッション・トラックニュースレター24, pp.75-78。

Paul Fickeler(1962): Fundamental Questions inthe Geography of Religions, In *Readings in Cultural Geography*, ed. Philip L. Wagner and Marvin W. Mikesell. pp.94-117。

滋賀県農政水産部水産課(2017):「琵琶湖八珍」, 同ホームページ, https://shigaquo.jp/hacchin/。

日本ジオパークネットワーク(2017):「ジオパークとは」, 同ホームページ, http://www.geopark.jp/about/。

佐賀銘菓・丸ぼうろ

あとがき

『佐賀・酒と魚の文化地理』というテーマのもと，当県の酒と魚にまつわる話を進めてきた。筆者は，鹿児島県で生まれ高校まで過ごした後，10年間関西（京都と西宮）の大学・大学院で地理学を学んだ。その後，弘学館中高等学校への就職のために佐賀県へ移り，佐賀市で1年，神埼町(当時)で3年，小城町(当時)で7年間を過ごした。28から39歳までの進学校での教員生活は多忙な日々であったが，地理クラブで生徒と一緒に富士山や屋久島，島原半島，沼田盆地などの立体地図をカットしたボール紙を貼り合わせて作ったり，一緒に，当時大きな話題となっていた吉野ヶ里遺跡を見学に行ったり，島原をめぐる巡検や鳥栖の調査に行ったこともあった。今思うと厳しい受験指導の合間ではあったが，わりと自由に地理という教科を通じて生徒と接する機会が得られたのは，とても貴重な経験，すばらしい時間であった。宿題がいっぱい出て大変な日々の中にありながら，このお気楽な教員と一緒にいろんなところへ同行してくれた生徒たちに，本当に感謝している。佐賀に赴任してから30年が経った。最初の高校生が，40代後半になっているはずで，私も60に届くところまで歳を取った。

　本書は，私が佐賀に住んでいた11年間に見聞きしたことをベースに，宮崎，熊本，大分での調査経験を踏まえて，2015年から17年の3年間集中的に県内各地をめぐり，聴き取りやアンケート，観察調査などのデータ収集・分析を行った，その成果をまとめたものである。昔お世話になった友人・知人，職場の同僚，そして生徒たち，調査でお世話になった多くの方々，関わりのあった全ての皆様に，少しでも恩返しができればとの思いで，牛歩ながら，ようやく書物の形に仕上げることができた(恩返しになったかどうかは，いささか心もとないが)。

　本書の出版にあたっては，霧島酒造㈱より，多大なご支援をいただいた。紙面を借りて，ここに感謝申し上げる。

本書各章の初出は，下記の通りである。

第1章　書き下ろし
第2章　「佐賀県域における飲酒嗜好の地域的展開」，宮崎大学教育学部紀
　　　　要社会科学 88，2017，pp.1-22。
第3章　「佐賀県域における伝統的魚介類食の分布展開」，宮崎大学教育学
　　　　部紀要社会科学 88，2017，pp.23-54。および「佐賀県における伝統
　　　　的魚介類食の地域差」，人文地理 69-4，2017，pp.485-499。
第4章　「佐賀県における水産業の展開──その実態と生産拠点である漁港
　　　　の展開，および'有明七珍'の勧め──」，宮崎大学教育学部紀要社会
　　　　科学 90，2018，pp.45-61。
第5章　書き下ろし
第6章　書き下ろし

　はしがきに書いたように，本研究に当たっては 500 人を超える現地の方々の
ご厚情ご協力をいただいた。また，宮崎大学教育文化学部経済地理学ゼミ他の
学生に，魚食アンケート調査について，全面的に担当をお願いした。事前に
調査の趣旨と方法について，可能な限り指導を行った上で，学生をフィール
ドに連れ出すことは，地理教育の見地からみて重要な学習行為である。しか
し，現地ではアポなしでの飛び込み調査ゆえに，まず調査の相手探しから難航
し，やっと適当な方を見つけても，不審者に間違われたり面倒だと断られたり，
学生には大変な苦労をさせてしまった。それでも音を上げることなく，最後ま
で調査をやり遂げてくれた学生諸君には，本当に感謝している。彼・彼女らの
がんばりに，逆に私自身も何度勇気づけられる思いをしたか。通常の学生生活
では，なかなか経験できないであろうこういった調査活動をポジティブに捉え
て，今後の人生の糧としてもらえるならば，教育者のはしくれとして本望であ
る。最後になったが，協力してくれた学生が，それぞれ思いを綴ってくれたの
で，以下に記す。

＊　＊　＊

私は第1回目（2015年11月28・29日）の調査で鳥栖市，基山町，神埼市，佐賀市（高木瀬町）計25件，第2回目の調査（12月19・20日）の調査で呼子町，旧鎮西町，玄海町，旧肥前町，伊万里市，旧脊振村の計19件，第3回目の調査（2016年3月1・2日）で佐賀市（旧諸富町，旧東与賀町，旧富士町，旧大和町），嬉野市，鹿島市，白石町，武雄市の計17か所を回ってアンケートを取りました。第1回目の調査では，街中だったこともあり，昔からの集落を見つけるのに苦労しましたが，紹介していただいた歴史のある集落では伝統的な魚料理について詳しく知ることができました。第2回目の調査では，漁村を中心に回ることができたので，集落ごとに特徴的な魚料理を知ることができました。特に旧鎮西町の名護屋浜という集落では，海女の方がウニを採っていたり，様々な種類の貝や魚が採れており，加工場もあって漁村内の産業について参考になるお話をたくさん聞くことができました。脊振は，山の中の集落ということもあり，なかなか海の魚が手に入らず，昔から川の魚を食べられているという特徴を知ることができ，他地域と対照的であると感じました。第3回目の調査では，有明海側が対象地域であったこともあり，第2回目とは異なる魚の種類が食べられていることや「須古ずし」が食べられていることを確認できました。この3回の調査を通して，佐賀県のみなさんとお話しをしながら佐賀県の伝統的な魚料理について詳しく知ることができとても勉強になりました。玄界灘と有明海という2つの海に挟まれている佐賀県の地理的条件が地域ごとの魚料理の特徴や違いにつながっていて，とても興味深かったです。様々な自然環境の変化によって，昔食べられていた魚料理がだんだんと減少している現実も認識できました。このような実態を受けて，今回このように伝統的な魚料理を文字に残す調査に参加できてよかったと思います。この調査にご協力してくださった佐賀県のみなさんありがとうございました。　　　　　平成28年度卒業生　鈴木晴香

　私は，第3回（3月1・2日）の調査に参加して，旧諸富町1件，旧芦刈町4件，旧富士町1件，旧大和町2件，鹿島市2件，太良町4件，武雄町1件の計15件を回りました。自分はこの魚食調査アンケートに参加し，土地ごとに多少の差異はあるものの，全体的に現在では食べられなくなった魚介類が多いのだなと感じました。また，海や川の環境があまりよい方向には変化していないという

ことをアンケートの結果からも読み取れたため，佐賀県の環境については，改善しなければならない点が多いのだと分かりました。

平成28年度卒業生　厚地洸伸

　私は第1回目(11月28・29日)の調査で鳥栖市田代，神埼市，佐賀市(鍋島町，八戸溝，金立町)計24件，第2回目の調査(12月19・20日)で唐津市10件，旧北波多村1件，伊万里市12件，旧東脊振村2件，計25件，第3回目の調査(3月1・2日)の調査で旧諸富町，小城市，多久市，旧塩田町，鹿島市，武雄市の計17件を回りました。第1回目は初めての調査だったので要領が掴めず苦労しましたが，調査にご協力いただいた方々の優しさで何とか無事に終えることができました。地域によって魚食にも特徴があり，興味深い回答が多くありました。第2回目は街の方でしたが，前回の時とはまた違った回答を得ることができて面白かったです。唐津は特に様々な料理や食材が出てきて，地域ごとの違いを実感しました。第3回目は各地を点々と行きました。ここでもやはり地域に特徴が出ていて，山間部と漁村に近いところでの違いなどが手に取るようにわかって勉強になりました。調査自体も自分の身になることが多く，参加してよかったです。

平成29年度卒業生　長友志帆

　私は第1回目(11月28・29日)の調査で鳥栖市3件，みやき町4件，神埼市2件，佐賀市(本庄町，西与賀町)10件の計19件，第2回目の調査(12月19・20日)に参加して唐津市6件，七山町4件，北波多町1件，伊万里市10件，三瀬村2件の計23件を回りました。2回とも歩いてアンケートを取りながら街から街へ移動することがほとんどで，体力的にきつかった場面もありました。もちろんアンケートについては，断られることもたくさんあり，結果的に心が鍛えられたと思います。調査を進めるにつれ，コツや飛び込み調査の度胸も付いてきて，2回の調査で自分なりに成長できたと思います。街の方々から，昔の街の様子(川がきれいな頃は，フナをよく食べていたし，タニシを食べていた頃の話も聞けました)や，料理の仕方などたくさんお話をしていただいたことが，とても楽しかった思い出です。参加できてよかったです。

平成29年度卒業生　黒岩柚衣

私は第1回目の(11月28日，29日)の調査で旧中原(みやき町)4件，吉野ヶ里町4件，神埼市1件，佐賀市(木原，金立町)11件の計20件を回りました。また，第3回調査(3月1日・2日)では，諸富町1件，川副町4件，多久市3件，嬉野町3件，有明町2件，江北町5件の合計18件を回りました。第1回の調査では，初めての調査でわからないことだらけで，知らない人に声をかけることにもためらいがありました。しかし，お宅にお邪魔させていただいたり，お友達を集めてくださったりと優しい方ばかりでとても助かりました。第3回の調査では，1回目の調査とは違った結果が顕著にみられるなど，興味深く思いながら回ることができました。宮崎では見ることの出来ない干潟の景色などを見ることができ，とてもいい経験になりました。嬉野温泉が気持ちよかったです。知らない人に話しかけたり，アポイントメント無しにインターホンを鳴らしたりと，普段では経験することのできない体験をすることができました。コミュニケーション能力と少しの勇気，そして体力が身についた気がします。佐賀の色々な場所を歩けて楽しかったです。　　　　　平成29年度卒業生　日高莉那

　私は第1回目(11月28日，29日)の調査では，基山町4件，神埼市2件，佐賀市(本庄，八戸，金立町)12件，上峰町4件，合計22件を回りました。また，第3回目(3月1日，2日)の調査では，久保田町4件，三日月町4件，小城市小城町4件，鹿島市5件，白石町2件，北方町4件，武雄市1件，合計24件を回りました。第1回目の調査では，現地での実地調査は初めてのことで，きちんと調査できるかどうか不安ではありましたが，現地の方々の優しいご対応により何とか調査を完遂することができました。第3回目の調査では，第1回目での調査経験を生かして取り組むことができました。自転車で移動することもあり，かなり大変でしたが，実際に調査地へと赴き，現地の人々から直接聞き取り調査をすることの苦労と意義を学ぶとても良い経験ができたと思います。今後も今回のような調査をするようなことがあれば，また参加したいなと思いました。
宮崎大学教職大学院2年生(平成29年度卒業生)　大畑達椰

　私は，第3回(3月1・2日)の調査に参加して，旧川副町4件，旧富士町1件，旧大和町2件，旧嬉野町1件，旧塩田町2件，白石町1件，旧福富町4件の計

15件を回りました。初めて調査に参加し，慣れないことが多くたくさんの方々に迷惑をかけましたが，無事に調査を終えることができました。佐賀県は有明海に面しているため，ムツゴロウをはじめとする魚介類が普段から食べられると思っていましたが，現在では漁獲量が減少していることもあり，伝統的な魚料理を食べることも少なくなってきていることが意外でした。またそれぞれの家で調理方法が異なることもあり，初めて知ることが多く，とても良い経験になりました。　　　　　　　　　　　　平成29年度卒業生　勢井愛梨菜

　私は，第3回(3月1・2日)の調査に参加して，旧諸富町1件，旧牛津町4件，旧富士町1件，旧大和町2件，旧嬉野町2件，旧有明町2件，大町町4件の計16件を回りました。このアンケート調査に参加するのは初めてで，地図を見ながら見知らぬ土地を歩くというのが新鮮な経験でした。調査の中でも，今まで聞いたことのないような魚介類(ウミタケ，メカジャー，ヨガマタなど)やそれらの調理方法があることを知り，また，私が今回回った狭い範囲の中でも魚食に地域性を見ることができました。調査で年配の方にお話を聞く中で，その地域の特徴や環境，昔の経験など興味を惹かれる話が非常に多く，特にクジラや川魚，タニシなどを昔食べていたことを懐かしそうに話していらっしゃるのが印象的でした。初めての調査で慣れないこともあり疲れましたが，それ以上に得られたものが多く，良い経験になりました。平成29年度卒業生　堀江暁介

　私は，第2回目(12月19・20日)の調査に参加して，唐津市で6件，旧浜玉町4件，旧北波多村1件，旧山内町4件，武雄市5件，旧三瀬村2件，有田町1件の計23件を回りました。佐賀県に行くのは初めてのことでした。武雄をかなり歩き回ったけど，武雄温泉にはいる機会がなかったことが心残りだったでしょうか。調査は大変でしたが，皆と楽しく過ごせたのがよかったです。　　　　　　　　　　　　　　　　平成29年度卒業生　川越　慧

　私は第1回目の調査(11月28日・29日)にみやき町，佐賀市金立町，神埼市の計12件，第2回目の調査(12月19・20日)に参加して旧厳木町4件，旧相知町4件，旧肥前町2件，伊万里市2件，旧脊振村2件の計14件を回りました。そ

のとき感じたのは，内陸ではドジョウやハエなどの川魚が食べられていました
が，基本的には魚料理は食べないっておっしゃっていた一方で，海沿いでは
色々な魚料理が食べられており本当に海沿いと内陸では違うんだなと驚きまし
た。あと，実際に料理を食べさせてもらえる機会があり，これも現地調査なら
ではだなと思い，得した気分になりました。　　　　　　　4年　平野貴嗣

　私は，第2回目（12月19・20日）の調査に参加して，唐津市で8件，北波多村
1件，西有田町4件，有田町4件，東脊振村2件の計19件を回りました。自分
は，佐賀県にいくのは初めてのことでした。佐賀県というとムツゴロウという
イメージがあり，全域で食べているのだと思い込んでいました。しかし，調査
でムツゴロウを日常的に食べるのは一部地域の人たちだけであり，食べたこと
もないと言う人も少なくなく意外でした。唐津市ではお祝いごとの際にタイを
食べることが多く，西有田町や有田町では魚があまり入ってこないために酢を
使って長持ちさせることが多いと聞いて地域性を感じました。快く調査に協力
してくださる方々が多く佐賀県の人の温かさを感じることもでき，いい経験を
させていただきました。　　　　　　　　　　　　　　　4年　山口達也

*　*　*

　学生諸君の感想をあらためて読んでみると，皆それぞれ大なり小なりの苦労
を乗り越えて，協力いただいた皆様に感謝というフィールドワーカーとしての，
ある種悟りの境地を得たことが伝わってくる。私自身にとっても，長年取り組
んできたフィールドワークは，苦しくも楽しいものであると思う。宮崎からの
移動距離も長く，調査活動自体はハードであったが，たくさんの方々のご厚情
に接することができて，「佐賀は，やっぱりいいところだなぁ」との思いを再認
識できたことが，フィールドワーカーとして最大の幸せであると思う。第5章
において，酒と魚の拠点を核とする体験ツアープランを提案させていただいた
が，本当の佐賀めぐりツアーの核は，実はこの佐賀の方々の優しい思いやりの
気持ちであるということを今一度強調しておきたい。
　最後に，いつも見守ってくれている故郷の老父母，妻，家族に感謝の言葉を
捧げて結びとしたい。

●著者紹介

中村 周作（なかむら しゅうさく）

略　歴

1958 年　鹿児島県薩摩郡樋脇町(現薩摩川内市樋脇町)にて誕生
1981 年　立命館大学文学部地理学科卒業
1987 年　関西学院大学大学院文学研究科地理学専修博士課程後期課程単位取得
同　年　松尾学園弘学館中高等学校(佐賀市)教諭(地理担当)
1998 年　宮崎大学教育学部講師(経済地理学担当)
2001 年　宮崎大学教育文化学部(改組による)助教授
2005 年　宮崎大学教育文化学部教授
2016 年　宮崎大学教育学部(改組による)教授(人文地理学担当)(現在に至る)

学　位

博士・地理学（2007 年，関西学院大学，『移動就業行動の地理学的研究——水産物行商活動を中心に——』）

著　書

『行商研究——移動就業行動の地理学——』，2009，海青社．
『宮崎だれやみ論——酒と肴の文化地理——』，2009，鉱脈社．
『熊本 酒と肴の文化地理——文化を核とする地域おこしへの提言——』，2012，熊本出版文化会館．
『酒と肴の文化地理——大分の地域食をめぐる旅——』，2014，原書房．
他著書論文60余編(2017年12月現在)

イラスト：中村　豪

Cultural Geography of alcoholic drink and Fish in Saga Prefecture, Japan
A Proposal for the Regional Innovation centered on its Culture

---

さが・さけとさかなのぶんかちり
佐賀・酒と魚の文化地理
文化を核とする地域おこしへの提言

発行日　————　2018 年 10 月 1 日　初版第 1 刷
著　者　————　中村　周作
発行者　————　宮内　久

〒520-0112　大津市日吉台2丁目16-4
Tel. (077) 577-2677　Fax (077) 577-2688
http://www.kaiseisha-press.ne.jp
郵便振替　01090-1-17991

● Copyright © 2018　● ISBN978-4-86099-339-9 C0025　● Printed in JAPAN
● 乱丁落丁はお取り替えいたします

本書のコピー、スキャン、デジタル化等の無断複製は著作権法上での例外を除き禁じられています。本書を代行業者等の第三者に依頼してスキャンやデジタル化することはたとえ個人や家庭内の利用でも著作権法違反です。

◆ 海青社の本・好評発売中 ◆

行商研究 移動就業行動の地理学
中村周作 著

全国津々浦々で活躍した水産物行商人・屋台商人・露店商などの移動就業者を対象に、彼らが生み出された過程と、実際の生活・行動における時空間的展開の特徴を、丹念な調査をもとに地理学的に描き出す。
〔ISBN978-4-86099-223-1/B5判/306頁/本体3,400円〕

琵琶湖八珍 湖魚の宴絶品メニュー
大沼芳幸 著

琵琶湖の湖魚8種を琵琶湖八珍として取り上げ、その多種多彩なメニューレシピをオールカラーで270余掲載。さらにギル・バスを含む外来種四種を裏八珍として掲載。美しい琵琶湖に思いを馳せ、美味しい琵琶湖八珍を提言する。
〔ISBN978-4-86099-309-2/A5判/196頁/本体1,833円〕

奄美大島の地域性 大学生が見た島／シマの素顔
須山 聡 編著

共同体としての「シマ」のあり方、伝統芸能への取り組み、祭祀や食生活、生活空間の変容、地域の景観、あるいはツーリズムなど、大学生の目を通した多面的なフィールドワークの結果から奄美大島の地域性を描き出す。
〔ISBN978-4-86099-299-6/A5判/359頁/本体3,400円〕

読みたくなる「地図」西日本編 日本の都市はどう変わったか
平岡昭利 編

明治期と現代の地形図の比較から都市の変貌を読み解く。本書では近畿地方から沖縄まで43都市を対象に、地域に関わりの深い研究者が解説。「考える地理」の基本的な書物として好適。地図の拡大表示が便利なPDF版も発売中。
〔ISBN978-4-86099-314-6/B5判/127頁/本体1,600円〕

読みたくなる「地図」東日本編 日本の都市はどう変わったか
平岡昭利 編

明治期と現代の地形図の比較から都市の変貌を読み解く。北海道から北陸地方まで49都市を対象に、地域に関わりの深い研究者が解説。「考える地理」の基本的な書物として好適。地図の拡大表示が便利なPDF版も発売中。
〔ISBN978-4-86099-313-9/B5判/133頁/本体1,600円〕

流入外国人と日本 人口減少への処方箋
石川義孝 著

現代日本における、国際結婚や景気変動に伴う国内外への人口移動を論じ、さらに人口減少にまつわる諸問題への解決方法として、新規流入外国人の地方圏への誘導政策の可能性を人口地理学の視点から提言する。
〔ISBN978-4-86099-336-8/A5判/171頁/本体2,963円〕

ジオ・パルNEO [第2版] 地理学・地域調査便利帖
野間晴雄ほか5名 共編著

地理学を学ぶすべての人たちに「地理学とは」を端的に伝える「地理学・地域調査便利帖」。ネット化が加速する社会に対応し情報を全面アップデート。2012年の初版から価格据置で改訂増補。巻末には索引も追加さらに進化。
〔ISBN978-4-86099-315-3/B5判/286頁/本体2,500円〕

クリと日本文明
元木 靖 著

生命の木「クリ」と日本文明との関わりを、古代から現代までの歴史のながれに視野を広げて解き明かす。クリに関する研究をベースに文明史の観点と地理学的な研究方法を組み合わせて、日本の文明史の特色に迫る。
〔ISBN978-4-86099-301-6/A5判/242頁/本体3,500円〕

離島研究 Ⅰ～Ⅵ
平岡昭利ほか 編著

島嶼研究に新風を吹き込む論集「離島研究」シリーズ。人口増加を続ける島、豊かな自然を活かした農業、漁業、観光の島、あるいは造船業、採石業の島など多様性をもつ島々の姿を地理学的アプローチにより明らかにする。
〔B5判、Ⅰ・Ⅱ：2,800円、Ⅲ・Ⅳ：3,500円、Ⅴ・Ⅵ：3,700円〕

離島に吹くあたらしい風
平岡昭利 編

離島地域は高齢化率も高く、その比率が50％を超える老人の島も多い。本書はツーリズム、チャレンジ、人口増加、Iターンなど、離島に吹く新しい風にスポットを当て、社会環境の逆境にたちむかう島々の新しい試みを紹介。
〔ISBN978-4-86099-240-8/A5判/111頁/本体1,667円〕

近代日本のフードチェーン 海外展開と地理学
荒木一視 著

著者の標榜する「食料の地理学」をテーマに、近代日本の地理学における食料研究の系譜と、大戦前の日本のフードチェーンの海外展開を論じた。さらに、戦前の経済地理学の枠組みを今日的観点から検討した補論を収録。
〔ISBN978-4-86099-326-9/A5判/230頁/本体3,241円〕

＊表示価格は本体価格（税別）です。